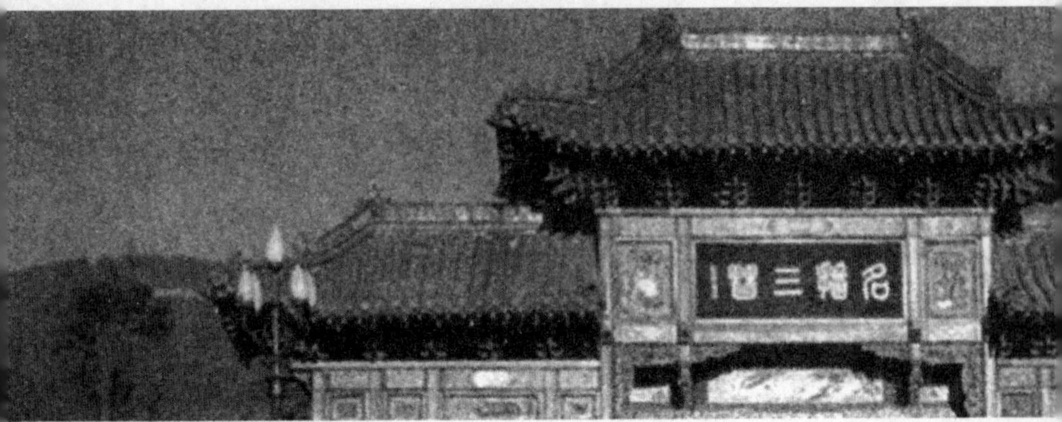

中国文化知识读本

ZHONGGUO WENHUA ZHISHI DUBEN

金开诚 ◎ 主编
李晓丹 ◎ 编著

吉林出版集团有限责任公司
吉林文史出版社

晋 祠

图书在版编目（CIP）数据

晋祠/李晓丹编著. —长春：吉林出版集团有限责任公司：吉林文史出版社，2009.12（2022.1重印）
（中国文化知识读本）
ISBN 978-7-5463-1667-3

Ⅰ.①晋… Ⅱ.①李… Ⅲ.①晋祠-简介 Ⅳ.①K928.75

中国版本图书馆CIP数据核字（2009）第236852号

晋祠

JIN CI

主编/金开诚　编著/李晓丹
项目负责/崔博华　责任编辑/曹恒　于涉
责任校对/刘姝君　装帧设计/曹恒
出版发行/吉林文史出版社　吉林出版集团有限责任公司
地址/长春市人民大街4646号　邮编/130021
电话/0431-86037503　传真/0431-86037589
印刷/三河市金兆印刷装订有限公司
版次/2009年12月第1版　2022年1月第4次印刷
开本/650mm×960mm　1/16
印张/8　字数/30千
书号/ISBN 978-7-5463-1667-3
定价/34.80元

《中国文化知识读本》编委会

主　任　胡宪武

副主任　马　竞　周殿富　孙鹤娟　董维仁

编　委（按姓氏笔画排列）

于春海　王汝梅　吕庆业　刘　野　李立厚

邴　正　张文东　张晶昱　陈少志　范中华

郑　毅　徐　潜　曹　恒　曹保明　崔　为

崔博华　程舒炜

关于《中国文化知识读本》

  文化是一种社会现象，是人类物质文明和精神文明有机融合的产物；同时又是一种历史现象，是社会的历史沉积。当今世界，随着经济全球化进程的加快，人们也越来越重视本民族的文化。我们只有加强对本民族文化的继承和创新，才能更好地弘扬民族精神，增强民族凝聚力。历史经验告诉我们，任何一个民族要想屹立于世界民族之林，必须具有自尊、自信、自强的民族意识。文化是维系一个民族生存和发展的强大动力。一个民族的存在依赖文化，文化的解体就是一个民族的消亡。

  随着我国综合国力的日益强大，广大民众对重塑民族自尊心和自豪感的愿望日益迫切。作为民族大家庭中的一员，将源远流长、博大精深的中国文化继承并传播给广大群众，特别是青年一代，是我们出版人义不容辞的责任。

  《中国文化知识读本》是由吉林出版集团有限责任公司和吉林文史出版社组织国内知名专家学者编写的一套旨在传播中华五千年优秀传统文化，提高全民文化修养的大型知识读本。该书在深入挖掘和整理中华优秀传统文化成果的同时，结合社会发展，注入了时代精神。书中优美生动的文字、简明通俗的语言、图文并茂的形式，把中国文化中的物态文化、制度文化、行为文化、精神文化等知识要点全面展示给读者。点点滴滴的文化知识仿佛颗颗繁星，组成了灿烂辉煌的中国文化的天穹。

  希望本书能为弘扬中华五千年优秀传统文化、增强各民族团结、构建社会主义和谐社会尽一份绵薄之力，也坚信我们的中华民族一定能够早日实现伟大复兴！

【目录】

一 晋祠概况 …… 001

二 晋祠名胜 …… 017

三 晋祠山水 …… 061

四 艺苑书画 …… 093

五 晋祠古木 …… 113

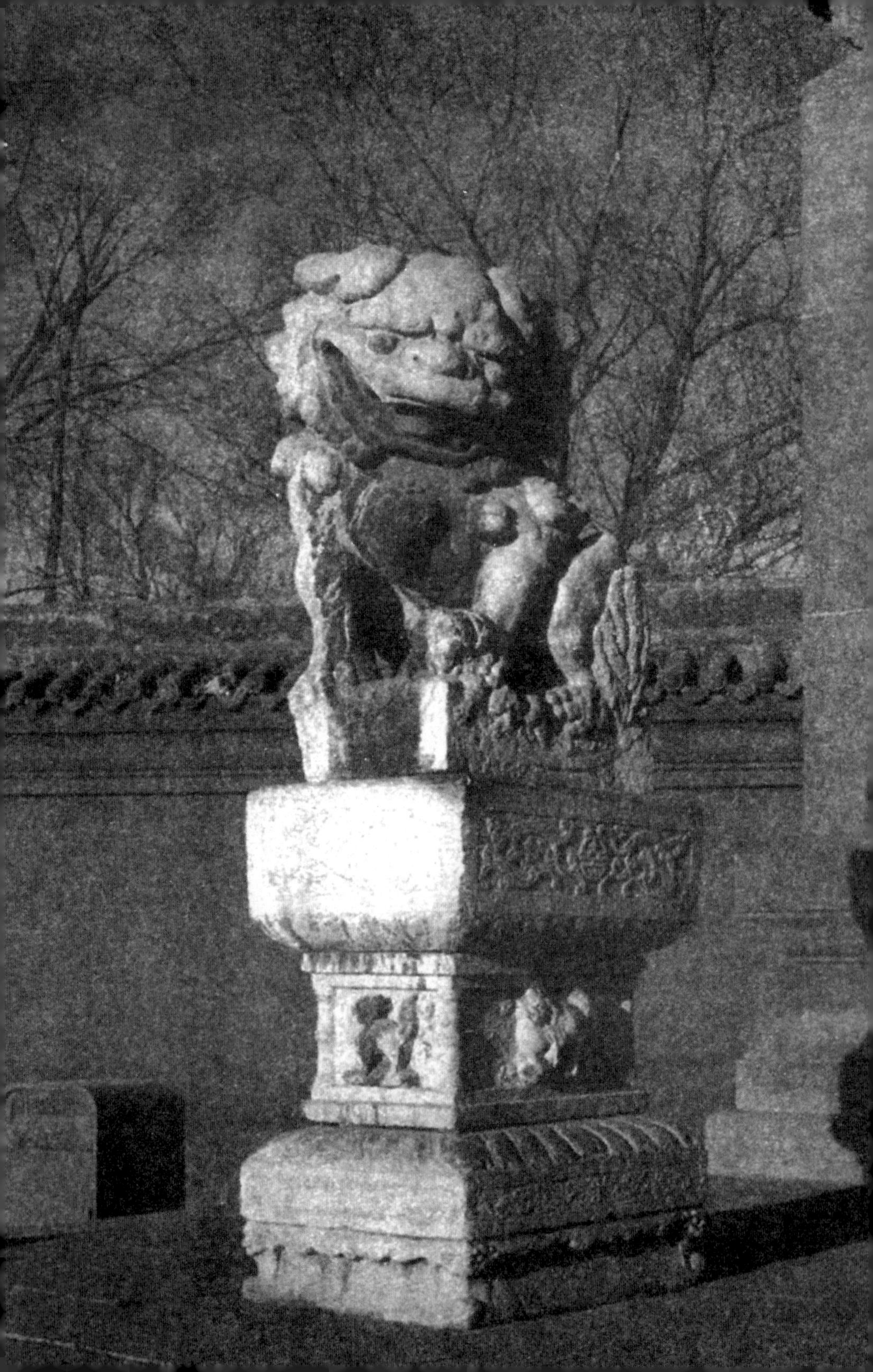

一 晋祠概况

晋祠是太原的名胜，也是山西著名的古迹之一。人云："不去晋词，枉到太原。"又有人说："初到太原的人，不去参观晋祠，犹如外国友人到北京未去游览紫禁城那样遗憾。"

晋祠位于太原市西南部，坐落在吕梁山悬瓮峰麓，晋水源头，距市中心五一广场二十五公里。从广场出发，车过西镇，往里一拐，眼前出现一片翠绿，这就是晋祠公园。通过公园便是晋饲。晋祠风光，着实不凡；山环水抱，古树参天；亭台莲池，星罗棋布；楼阁云集，雄伟壮观；气候宜人，风光明媚。因此，久有山西的"小江南"之称。国务院于

晋祠位于山西太原西南悬瓮山麓

晋祠一景

1961年3月4日公布晋祠为全国重点文物保护单位，2001年又被评为国家AAAA级旅游景区。这里不仅古迹众多，建筑富丽堂皇，而且还有着许多脍炙人口的传说。游览时目睹耳闻，情趣盎然，精神振奋，游兴倍增。

（一）"剪桐封弟"

晋祠，始建于公元五世纪北魏之前，原名唐叔虞祠。据《史记·晋世家》记述：唐叔虞姓姬，字子于，名虞，周武王之子，成王之弟。

周武王驾崩，他的儿子姬诵即位，即周成王。当时唐国（即今太原晋源镇）发

晋祠已经成为山西著名的旅游胜地

生武庚（他是商朝末代帝王纣王的儿子）叛乱事件。成王派兵平了唐国叛乱之后，有一天，和他幼弟姬虞拿桐叶做游戏，他把一片梧桐叶剪成玉圭（古代帝王诸侯举行礼仪时所用的玉器，上尖下方）形状，对姬虞说："把这玉圭给你，封你去唐国做诸侯吧！"当时在身旁的史佚（周代史官）立即请成王选择吉日立姬虞为唐候。成王不以为然地说："我和姬虞开玩笑呢！"史佚却认真地对成王说："天子无戏言，言则史书之，礼成之，乐歌之。"成王无奈，只好把姬虞封到唐国去做诸侯。这就是历史上"剪桐封弟"的故事。

"剪桐封弟"的故事，发生在成王十年（公元前1106年），因姬虞是成王的幼弟，那时弟称叔，所以后人称姬虞为叔虞。叔虞到了唐国，发挥了自己的智慧，领导广大人民，积极开发农田水利，发展农业，使人民的生活水平逐渐提高，成为当时唐国人民最拥护的封建领主，造成了日后七百年"风调雨顺，国泰民安"的盛世局面。这段历史甚为后人传颂。当叔虞死后，他的后裔为了纪念他，在其封地之内选了一个山青水秀、风景优美的地方，建了一座祠堂祀奉他，这就是晋祠的前身"唐叔虞祠"。

叔虞死后，他的儿子燮父继位，因境内有晋水，便更国号为晋，这就是晋国历史的开始。叔虞受封的地方，相传就在晋阳（今太原晋源镇），山西省一向简称"晋"，就是由此而来的。

(二) 晋祠历史

晋祠创建的确切年代已不可考。据北魏郦道元的《水经注》记载："……沼西际山枕水有唐叔虞祠。水侧有凉堂，结飞梁于水上，左右杂树交荫，希见曦景。"由此可见，早在一千五百多年前的北魏时期，这里的祠、堂、飞梁等建筑，已蔚成大观。

及至东魏、北齐时期，高欢、高洋父

"晋祠"匾额字迹刚劲有力、飘洒隽逸

子以晋阳为别都，建起大丞相府（史称霸府）、晋阳宫、大明宫、十二院，其壮丽豪华的程度超过国都邺城（今河北临漳西南），同时，天保年间（550—559）在晋祠"大起楼观，穿凿池塘"，进行扩建。读书台、望川亭、流杯亭、涌雪停、仁智轩、均福堂、难老泉亭、善利泉亭等都是这个时期的建筑，从此晋祠的规模更胜于北魏。当时著名文人祖鸿勋曾作过一篇《晋祠游记》，赞述晋祠的山光水色和亭台楼阁，可惜未能流传至今。北齐皇帝崇信佛教，在晋阳广建天龙、开化、童子、崇福等寺院的同时，于后主高纬天统五年（公元569年）改晋祠为大崇皇寺。

山西晋祠前的石狮

晋祠"三晋名泉"景观

晋祠是中国古典园林的典范之作

　　隋、唐二朝是晋阳城发展的黄金时代，作为晋阳附属的晋祠，在此期间也得到长足的发展。隋开皇年间（581—600）在晋祠南面建起舍利生生塔。唐朝的李氏父子更是与晋祠有着深厚的渊源。公元617年夏天，太原留守李渊正在为起兵作最后的准备。与此同时，隋炀帝安插在太原的两个亲信，李渊的副手王威和高君雅也做出了李渊即将叛乱的判断，预谋以太原天旱，需到晋祠祈雨为名，准备借机诱捕李渊。但他们的计划被李渊心腹，晋阳乡长刘世龙识破，于是，李渊擒杀二人于晋阳宫。

李渊最终还是来到了晋祠，但它不是来求雨的，而是为了起兵来祈祷的。在他看来，自己起兵无异于当年武王伐纣，而唐叔虞正是武王之子，求他来保佑自然是寓意深刻。

而唐太宗李世民跟随父亲在晋阳居住多年，时人称之为太原公子，他也一直将太原看作是"王业所基，国之根本"。贞观二十年正月二十六，唐太宗更是驾幸晋祠，留下了晋祠最为珍贵的文物，树立于贞观宝翰亭内的现存最早的一块行书碑——《晋祠之铭并序》。早在四年前，唐太宗就曾计划仿效秦皇汉武通过"封禅大典"来标榜自己"受命于天，功德卓著"，但遭到魏征等人的反对而

晋祠内的古老牌匾

作罢。这一次，他要借发迹故地的山水神灵一吐心中的块垒。《晋祠之铭并序》一方面通过歌颂宗周政治和唐叔虞德建国事迹以达到宣扬李唐王朝文治武功、巩固政权的目的，另一方面，也答谢了叔虞神灵保佑李氏王朝"龙兴太原，实祷祠下，以一戎衣成帝业"的冥冥之功。它既是一篇代封禅之作，又是一篇对当年李渊祷于祠下的还愿之作。《晋祠之铭并序》的书法颇具王体特色，全篇40个"之"字无一雷同，是唐太宗书法艺

晋祠环境幽雅，风景优美

晋祠内造型别致的亭廊

术的代表作，也是一篇融其政治思想、文学、书法艺术于一体的旷世之作。

宋初，赵匡胤、赵光义兄弟三下河东攻伐晋阳城，鉴于战国赵襄子、汉文帝刘恒、北齐高洋父子、唐朝李渊父子、五代李存勖、石敬瑭、刘知远皆从晋阳起家，认为晋阳城北的系舟山是龙角，西南龙山、天龙山是龙尾，晋阳居中是龙腹，所以经常有真龙天子出现；于是借口"参商不两立"，将晋阳城火焚水灌夷为废墟，自以为斩断龙脉，再也不会有"真龙天子"争夺宋朝天下了。赵光义在焚毁晋阳城的同时，先后用5年时间大修晋祠，据说修晋祠是为了"积功德"，可保大宋

晋祠索以雄伟的建筑、高超的塑像闻名于世

江山万代相传。他不仅翻修扩建了唐叔虞祠，还仿照李世民的做法，命赵昌言撰文，张仁庆书丹，立了一通《新修晋祠碑铭并序》。以后宋仁宗赵帧又于天圣年间（1023—1032）追封唐叔虞为汾东王，加祀叔虞之母邑姜。崇宁元年（1102），太原军府事孙路请旨重修圣母殿。金大定八年（1168），更在圣母殿堂之东修建了献殿三间。晋祠以圣母殿为主体的布局日趋形成。

明清两代先后在晋祠修建了对越坊、钟鼓楼、水镜台等建筑，形成一条左右结合的中轴线，贯穿祠区，原先居于主要地位的唐叔虞祠却被冷落了。

晋祠一景

（三）美晋祠

晋祠素有"山西小江南"之美誉，清末晋镇赤桥村举人刘大鹏撰写的《晋祠志》中说："三晋之胜，以晋阳为最；而晋阳之胜全在晋祠。"这种评价实在是言不为过。

宋朝之后历朝历代均以圣母殿为中心对晋祠进行扩建，形成以圣母殿、对越坊、钟鼓楼、水镜台等建筑为中轴线的三条主要的建筑群。

北面从文昌宫起，经东岳庙、关帝庙、三清洞、昊天神祠、钧天乐台、唐叔虞祠、八角莲池、松水亭、善利泉亭、贞观宝翰亭、景宜园、朝阳洞、老君洞、云陶洞、财神洞、待凤轩、三台阁、读书台、吕祖庙到苗裔堂。这一组建筑依地势高低而建，错落有致，以崇楼高阁取胜。

南面从胜瀛楼起，经白鹤亭、挂雪桥、傅山纪念馆、董寿平美术馆、晋溪书院、王琼祠、三圣祠、真趣亭、不系舟、张郎塔、难老泉亭、水母楼、难老艺苑、公输子祠到台骀庙。这一组建筑点缀于晋水之间，极富诗情画意，以风景优雅而驰名。再往南有十方奉圣寺、舍利生生塔、浮屠院、留山园、柏月山房记、翰香馆、留山湖等，自成另一体系。

晋祠内的天王像表情丰富，生动传神

晋祠是中华文明的一方瑰宝

晋祠中的这些不同时期的建筑并不是杂乱无章的，而是犹如经过一番精心规划设计似的，布局紧凑有序。晋祠不仅是中华文明的一方瑰宝，也是全国较为知名的风景旅游胜地，有"三绝""八景""三大国宝建筑""三大镌刻""三大名匾"等景观。长流不息的难老泉、形如卧龙的周柏以及圣母殿中神态各异的宋塑侍女像被誉为"晋祠三绝"；圣母殿、献殿、鱼沼飞梁被誉为"三大国宝建筑"；唐碑、华严石经、柏月山房记被誉为"三大镌刻"；对越、难老、水镜台被誉为"三大名匾"。八景又有内外之分，内八景几乎全在晋祠庙院中，分别为"望川晴晓""仙阁梯云""石洞烟茶""莲池映月""古柏齐年""胜瀛四照""难老泉声""双桥挂雪";外八景均在庙垣外及晋祠镇周围,分别是"悬瓮晴岚""文峰鼎峙""宝塔披霞""谷口双堤""山城烟堞""四水青畴""大寺荷风""桃园春雨"。晋祠的这些美景引来多少游人流连于其中,对其赞叹不已。已故国学大师郭沫若在1959年所作的名诗《游晋祠》中,就曾这样写道:"圣母原来是邑姜,分封桐叶溯源长。隋槐周柏矜高古,宋殿唐碑竞辉煌。悬瓮山泉流玉磬,飞梁荇沼布葱珩。倾城四十宫娥像,笑语嘤嘤立满堂。"郭老对晋祠的赞誉溢于笔端。

晋祠的美景令游人流连忘返

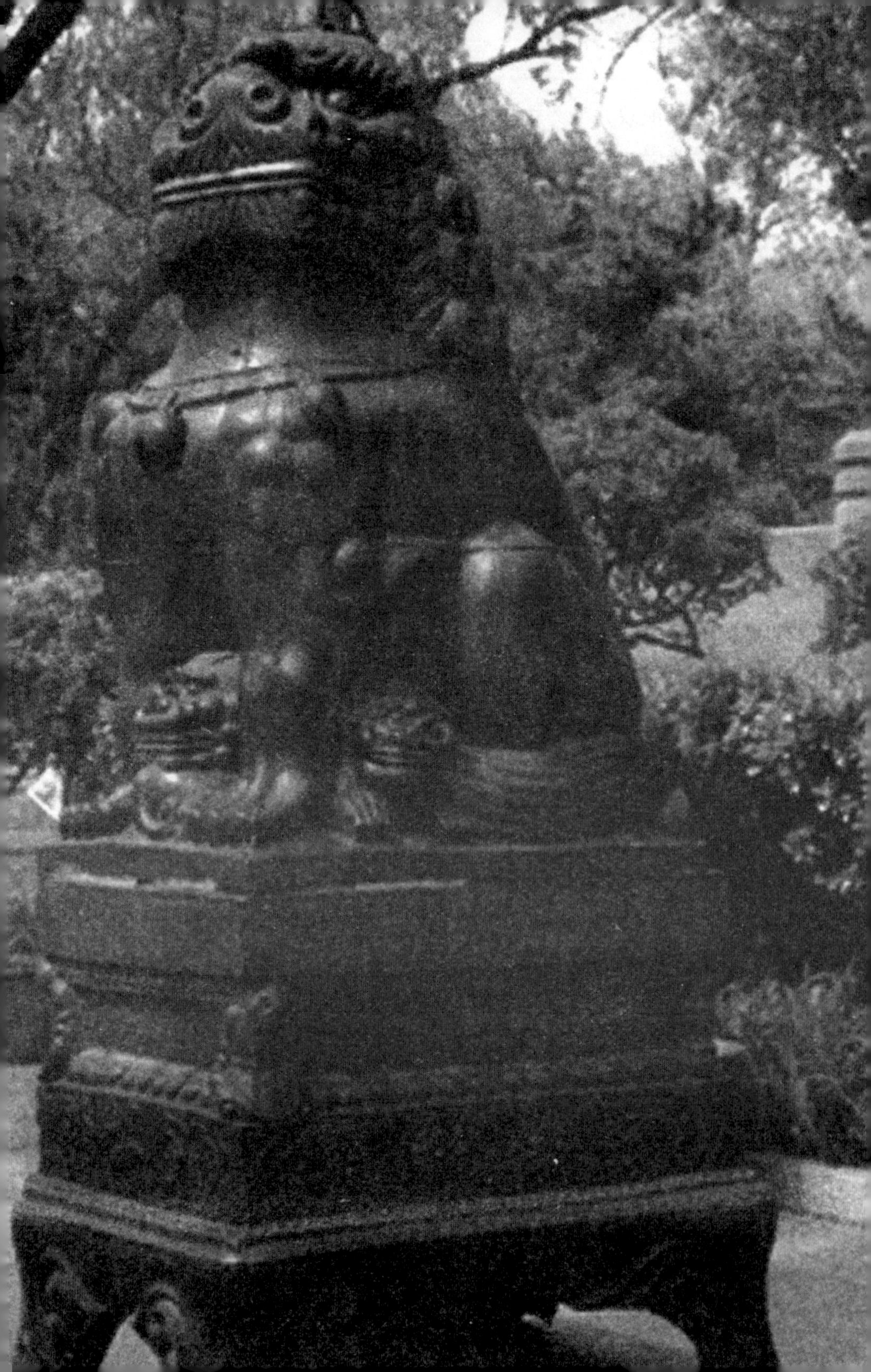

二 晋祠名胜

雄伟的晋祠大门

晋祠的每一处亭台楼阁都是如此之美，并且还流传着许多美丽的传说。就让我们共同去领略一番晋祠的美景吧！

(一) 晋祠大门

晋祠现在的大门是解放后建造的，它最早的门规模很小，立于南面，于唐叔虞祠成一直线，这也不难理解，因为晋祠开

晋祠悬挂在房顶的匾额

始就只是供奉唐叔虞的祠堂，因此其门必与叔虞祠一线了。到了北宋时，圣母殿逐渐成为晋祠的主体建筑，因此就拆除了原来的小门，在今天的智伯渠南岸另建一门，取名惠远门，这是因为当时的晋祠叫做惠远祠。明万历年间此门毁于火灾，在重建的同时，又计划建造一座戏台（即今水镜台），因此将建在水镜台前面的门取名为景清门。景清门到解放时已经破烂不堪，解放后重建大门时，因景清门与水镜台、圣母殿等建筑不在一条直线上，故又北移十多米，这就是现在的晋祠大门了。

晋祠大门并排有三个拱形大门，左右略小，长年关闭，游人走中间正门（庙会

晋祠三晋名泉景观

期间三门大开）。1959年，陈毅到此游览，为其题写的"晋祠"贴金牌匾现仍悬挂在中间正门的上方。正门上铆有排列成行的黄色圆柱头门钉，纵六横八共铆四十八个门钉。祠门的两翼是高大红土围墙，门前两只歪头咧嘴微笑的石狮蹲卧两侧。整个大门高大壮观，气势非凡，给人一种森严幽古的感觉。

（二）水镜台

步入晋祠大门，迎面映入眼帘的是一座古戏台，这就是水镜台了。水镜台前面上部是单檐卷顶棚，后面上部是重檐歇山顶，四面有明朗舒畅的走廊，造型雄壮，雕饰精巧。

　　水镜台迎晋祠大门高悬的"三晋名泉"的匾额，乃是杨廷翰所书，原在景清门上，解放后年移摘至此。水镜台正面挂有乾隆年间杨二酉手书的"水镜台"匾，"水镜"二字取自《前汉书·韩安国传》中的"清水名镜不可以形逃"之句，含忠奸是非，在清水明镜中一照，世人皆知之意。此匾与"难老""对越"共称为晋祠三大名匾。

　　水镜台是古代祭祀时使用的一个戏台，但当时还没有扩音器，如何使离戏台较远的人听到台上的唱腔和道白呢？这的确是个问题。不过，我们的祖先非常聪明，

晋祠水镜台景观

想到了一个理想的扩音办法，那就是在台前两侧各埋下4个大瓮，每两个扣在一起，形成4个"大音箱"，从而把声音传向较远的地方。据说，因为有了这大瓮音箱，观众不论站在庙里何处，都能听到台上的声音。大瓮扩音的原理，用现代物理学来解释，就是利用了声音共振以及声音沿固体的传播速度大于在空气中的传播速度的原理。京剧大师梅兰芳先生生前参观水镜台时，产生了一个愿望，即在水镜台上唱一出京戏。令人遗憾的是梅大师这一意愿未能实现。

（三）金人台

在会仙桥和对越坊之间的是一座砖

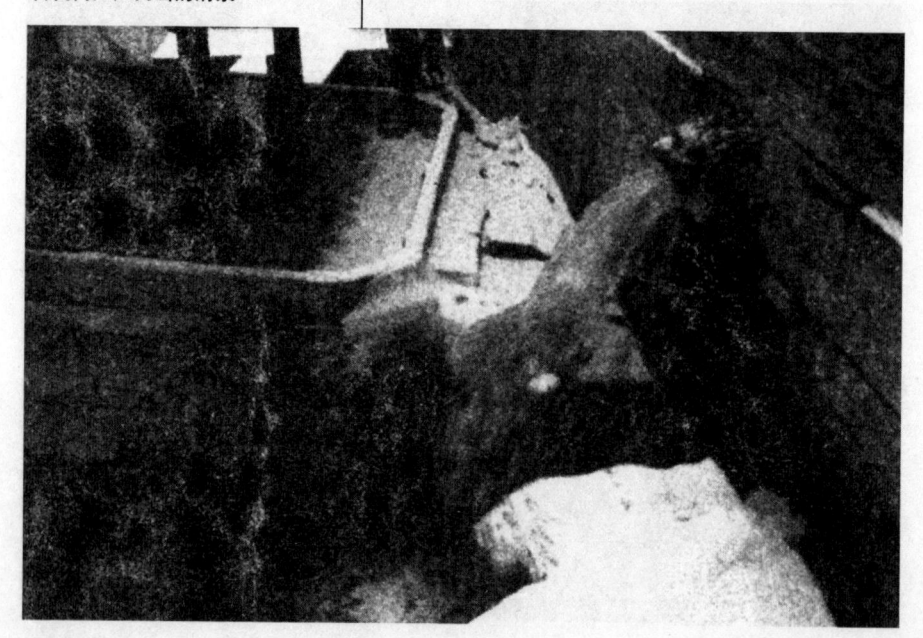

晋祠内汩汩而出的清泉

砌的短栏方形台，台的四隅各立有一铁铸武士像，这就是著名的金人台了。铁铸武士与人等高，身穿盔甲，姿态威武。由于铁为五金之一，因此叫做金人台。台中间立有一座明代建造的琉璃瓦小阁，高约四米，形状新颖，小巧玲珑，色泽鲜艳，瑰丽壮观。

四个金人胸前分别有铭文和铸造年代。西南隅、西北隅和东南隅的三个金人分别是北宋绍圣四年（1097）、绍圣五年（1098）和元佑四年（1089）铸造的，其中西北隅和东南隅的金人的头又是分别在明永乐二十一年（1423）和民国十五年（1926）补铸的。东北隅金人是民国二年（1913）年补铸的，初铸年代不详。其中，西南隅的金人不仅姿态威武，而且毫无锈蚀痕迹，可谓奇妙。关于铸造金人的原因，有好几种说法。有人说晋祠为晋水发源地，铸金人为防患镇水；有人说金人台是金兵占领太原后，为庆贺胜利的歌舞之台；还有人说是为晋词守护财库而铸。至今尚无定论。

关于这四个金人（铁人），民间还流传着一个传说：相传西南隅的铁人是外来户，其余三个都是本地户。这三个铁人情投意合，结成了兄弟。有一天，他们忽然觉得不应只呆在庙里，保一方平安，应该

金人台威武雄壮的金人像

乾隆年间杨二酉手书的"水镜台"匾额

保天下的平安，再加上庙里的僧人比较刻薄，只给一点有限的供品，于是他们决定要出走。在一个风雨交加的夜里，东北隅的铁人先逃走了，正当其余两个要走时，被庙里的僧人发现了，他们用戒尺打破了这两个铁人的头颅。逃走的铁人来到黄河边，见到河中波涛汹涌，河面上只有一座草桥，铁人想过桥，但又怕压塌了草桥。正当他两难时，见到一位老人从桥上走来，便上前连忙问到："老人家，我想过河，不知道这草桥结不结实呀？"老人说："你又不是晋祠的铁人，还能把草桥压塌啊！"他一听到这个"铁"字，犯了忌讳，立刻僵立在黄河边不动了。

自从三个铁人逃走后,庙里的老僧怕西南隅的铁人再逃走,就专门派一个小和尚昼夜看守。一天夜里,阴云密布,小和尚看见这个铁人起步了,立刻报告了老僧,老僧抓住铁人,在他脚上连砍三刀,并用铁链锁住,叫他永世不能再逃。后来铁链脱落,金人脚上的砍痕却至今仍清晰可辨。

(四)对越坊

金人台之后便是对越坊,是明万历年间所立,"对越"二字取自《诗经·清庙》中的"对越在天"之句,"对"是报答,"越"是宣扬,合起来就是宣扬报答之意。对此,这里有一个美丽的传说:相传高应元是太原县东庄(今晋源区晋祠镇东庄村)的一名孝子。其母患偏头疼,多方求医,总不见效。一天,高应元非常虔诚的去晋祠圣母殿焚香祈祷,祈求圣母保佑母亲病体安康,并许愿捐资修祠。说来也巧,自从高应元许愿后,其母的病情日渐好转,半年之后竟然痊愈了。高应元于是筹集资金,在献殿和金人台之间的空旷之地修建了牌坊还愿,并且亲自在牌坊上书写了"对越"二字,以此宣扬孝敬父母的美德。

高应元书写的"对越"二字,笔力苍劲,

晋祠内造型精美、清新古雅的小亭

"对越"匾额为晋祠三大名匾之一

气势磅礴,因此与"难老"、"水镜台"并称为晋祠三大名匾。

这座"对越坊",体型优美,结构壮丽,雕刻玲珑,造诣很高。原牌坊上彩绘有邑姜氏为虞命名、周成王剪桐封弟、智伯水灌晋阳、豫让石桥刺赵等等,表现了一些有关晋祠的历史故事。目前的对越坊,已粉饰一新,上面彩绘八仙、杨戬、哪吒等等,光彩夺目,金碧辉煌。牌坊前台基上蹲坐铁狮一对,庄严辉厚,越发显得这座牌坊高大壮丽。

(五)钟鼓楼

钟楼和鼓楼分别在对越坊的两侧,犹

如坊之两翼，更增添了对越坊的壮丽雄浑。钟鼓楼创建于明万历年间。钟楼在对越坊的左侧，下面是呈方形边长约7米的石砌基址，足有3米高，西面设有阶梯可上下；台基上为12根廊柱，柱间置木栅，楼顶为重檐十字歇山顶，覆盖着彩色琉璃瓦。楼内悬挂着一口高约2米，直径1米的万斤巨钟，钟上铸有"敕封广惠显灵昭济圣母庙钟成叙文"字样。造型雄伟，钟声洪亮，铸文工整清晰，是明代铸造技术的典型代表作。鼓楼在对越坊的右侧，鼓楼内摆放着一面大鼓，鼓身近两米，鼓面直径一米有余。古时，晋祠内每日晨钟暮鼓，提醒人们要警觉。

相传，钟楼中的巨钟是用我国的传统

晋祠秋景

晋祠对越坊景观

工艺——无模铸造法，就是地坑造型的泥形法铸造而成的。而对于巨钟的搬运、悬挂也有一个动人的传说：相传，巨钟铸成后，晋祠的老僧和铸钟师傅均为无法搬运巨钟而发愁。有一天晚上，寒风刺骨，一个名叫鱼目的老人来投宿。饭后闲谈时，老僧随口问道："您老经常外出，见多识广，有没有悬挂巨钟的好办法呢？"老人哈哈大笑着说："土都一点点埋到脖子了，能有什么好办法呀？"老僧和铸钟师傅只当是一句闲谈，没有在意。第二天早晨，只见老人门前泼水成冰，老人已不知去向。众人十分奇怪，都觉得老人十分不凡。铸钟师傅突然喊道："姓鱼名目，不正是'鲁'

字吗，这老人一定是鲁班师傅。"老僧又想起昨晚老人说的话和门口的冰，认为鲁班师傅已经点化大家悬挂巨钟的办法了。于是让工匠用水泼成冰道，把钟拖到钟楼前，又取土在钟楼周围堆成小丘，众人用撬杠、滚木把大钟安放在钟架上，然后再把钟下的土挖掉。钟楼的巨钟就这样悬挂起来了。

（六）献殿

献殿位于对越坊的西侧，是晋祠三大国宝建筑之一。献殿原为供奉祭祀圣母邑姜的享堂，故称献殿。献殿始建于金大定八年（1168），明万历二十三年（1594）重修，新中国成立后1955年依照原样再次翻修，基本保持了宋金时代粗犷朴实的建筑风格。献殿面宽三间，进深二间，顶为单檐歇山式。四周无壁，槛墙上置直棂栅栏，显得整个殿堂格外疏朗利落，从远处看，好像一座玲珑的凉亭。献殿最奇异之处是殿身上部的梁架结构，只在椽栿横架上施驼峰，托脚承平梁架，结构极为简朴、轻巧、坚固，给人以稳健舒适之感。

（七）圣母殿

圣母殿始建于北宋天圣年间，崇宁元

晋祠圣母殿匾额

年（1102）重建。它位于晋祠景区中轴线上的最西端，前临鱼沼飞梁，后拥悬瓮山主峰，左傍善利泉，又临难老泉，是晋祠景区的主体建筑，气势磅礴，壮观雄伟。圣母殿内供奉着唐叔虞之母邑姜，是国内规模较大的一座宋代建筑。

圣母殿高19米，重檐歇山顶，面宽七间，进深六间，平面几成方形，殿身四周建有回廊。殿周围的26根廊柱都微微向内倾斜，使四隅的角柱明显增高，并形成较大弧度的前檐，这样不仅使大殿更加稳固，而且增添了大殿的美感。圣母殿建筑采用"减柱法"营造，殿内和前廊共减去16根柱子，以廊柱和檐柱

圣母殿"三晋遗封"匾额

承托屋架殿顶，使前廊和大殿内部十分宽敞。

圣母殿前廊柱上，雕有8条木质盘龙，是我国现存最古老的木质雕龙。居中两廊柱上的叫应龙，次两柱上的为蟠龙，再次两柱上的为蛟龙，最边两柱上的无角者谓之螭龙。圣母殿的前廊上面悬挂着一块巨匾，上书"显灵昭济圣母"六个大字，这是宋代原物。除此之外，这里还悬挂着许多清代的匾额，如同治皇帝"惠洽桐封"、"惠普桐封"，光绪皇帝"惠流三晋"，慈禧太后"三晋遗封"，清代山西巡抚曾国荃"恩同万祀"等等。殿外围廊内有石碑二十一通，其中最著名的莫过于明代大书法家罗洪先所写的悬笔诗碑。大殿的前廊左右各有一尊泥塑的站殿将军，高4米余，身披盔甲，威武异常，相传这是周武王的卫士方弼、方相。殿的两侧悬挂着清乾隆年间杨廷珞写有一副对联："溉汾西千顷田，三分南七分北，浩浩同流，数十里浊之不浊；出瓮山一片石，冷于夏温于冬，浏浏有本，亿万年与世长清"。

进入大殿，映入眼帘的是端坐在神龛中的圣母像。她头戴凤冠，身着蟒袍，凝神严肃，仪表不凡。除此之外，殿内还摆放着42尊形态各异的宋代侍女塑像，

晋祠建筑上的精美雕刻

晋祠圣母殿圣母像

个个传神,被誉为"晋祠三绝"之一。这将在以后的记述中加以介绍,此处不再赘述。

(八)苗裔堂

由圣母殿北行,便看到一座面宽三间的悬山小殿,这就是苗裔堂了。从晋祠总体布局看,苗裔堂位于圣母殿的左侧,堂前就是形似卧龙的晋祠三绝之一的周柏。苗裔堂的创建年代不详。

民间称苗裔堂为奶奶庙,或者子孙殿,是旧时民间百姓祈求生男育女的地方。堂内原有明代塑像22尊,现存19尊。西墙正面中间是七位娘娘，两旁各有男侍一人；南北两面各有十尊立像，是送子鬼神，其中有八名侍女，两名男侍。正面七位娘娘是苗裔堂主人，分别是催生娘娘、送生娘娘、乳母娘娘、子孙娘娘、引蒙娘娘、痘疹娘娘和斑疹娘娘。以前，娘娘们的神案上还摆放着许多泥娃娃，有男有女，有胖有瘦，有俊有丑，各不相同。迷信认为，谁家生男生女，均是由这几位娘娘主宰的，因此，那些想要孩子的妇女都到苗裔堂来上香许愿，请娘娘赐予子女。据说临走时怀揣一个理想的泥娃娃，回去之后自会灵验，但为了防止泥娃娃被抱光，规定抱走的泥娃娃都要送回来。

苗裔堂上悬挂的"赞化育"横匾是杨二酉所题，堂门两侧柱上有清道光年间赤桥刘午阳所撰楹联："圣泽流芳，椒衍瓜绵时锡瑞；神灵毓秀，凤毛麟角永呈样。"

（九）朝阳洞

朝阳洞又名朝阳岩、灵官殿，从苗裔堂北面的朝阳石登上去就是了。这朝阳石实际上就是一条人工开凿的石阶，共有53层，民间俗称"七十二圪台"。而72和53分别比喻道家的"七十二福地"和佛家的"五十三参，参参见佛"之意。

形似卧龙的晋祠三绝之一——周柏

晋祠金人台铸金人像

"朝阳"二字出自《诗经·大雅·卷阿》中的"凤凰鸣矣，于彼高冈；梧桐生矣，于彼朝阳"之句，比喻有才华的人大有施展才华的机会。而事实上也确实如此，朝阳洞正是旧时文人墨客们写诗赋词、施展才华的地方。而此地坐西面东，太阳升起时，这里首先得到阳光，这也是这里得名朝阳的另一原因。

朝阳洞原是一座高约3米，深约7米的天然洞窟，后经人工开凿，成为晋祠的一处胜景。洞前覆盖有飞阁，阁檐外有"别一洞天"的横匾，檐内有"朝阳洞"木雕。洞内后部中央有一尊灵官坐像，手执金鞭，仪表庄严。阁内前部过去还陈列有历代名人的画像和墨迹。

朝阳洞左邻云陶洞，右通老君洞，站于此处，仰望蓝天白云，俯视层层殿宇和簇簇古树，给人一种心胸开阔，欲醉欲仙的感觉，游人至此，莫不称绝，故有"欲界仙都"之称。唐朝宰相牛僧儒的儿子牛丛在襄王之乱时，曾避难于太原，此间到朝阳洞游历时写了一首名为《题朝阳岩》的诗，诗中写道："蹑石攀梦路不迷，晓天风好浪花低。洞名独占朝阳号，应有梧桐待凤栖。"这首诗形象的描写了朝阳洞的美景和朝阳洞是文人墨客写诗赋词、施展才华的地方。

（十）老君洞

从朝阳洞出来右行，穿过角门，就来到了老君洞。老君洞又名方丈洞，是一座依山凿刻的一明两暗三间石洞，洞中冬暖夏凉，是冬日避寒、夏日消暑的好去处。洞前有一株老皂角树，洞内中间有一尊金身太上老君像，左右各有一名武士装束的侍卫。

相传老君洞最初是道士们炼丹、修行的场所，当年这里曾居住过一位老道士，当人们问起他的年龄时，他总是和颜悦色地说自己九十九岁了，今年问他，他说自己九十九岁了，明年问他，他还说自己九十九岁了，再过几年问他，他还是会如

晋祠朝阳洞景观

威武的金人俨然成为晋祠一道别样的风景线

此回答。这是因为古人认为"人生不过百岁",由于忌讳这个"百"字,所以他总说自己九十九岁了,至于他的真实年龄,谁也不知道。这位道士长得与太上老君的画像十分相似,所以人们都说他是老君的化身。此洞也就因此而得名。老道士羽化(道士死称为羽化,和尚死称为圆寂)以后,洞中的道士开始学坏,至清咸丰、道光年间被地方上驱逐,老君洞里开始住上佛家的主持和尚,所以老君洞又名方丈洞。至此，僧人就将老君洞门两侧悬挂的道家楹联："人来此处居然脱俗；我坐多时似乎成仙"换成了充满佛家韵味的楹联："卧室依云无好事；焚香洗钵渡余生"。

（十一）云陶洞

云陶洞位于朝阳洞的北面，又名朝阳别一洞。此洞原是古代群众躲避战乱的地方。原洞很深，因年久失修，土石坍塌，现今只有十多米深。近洞不远，右面有一浅洞，里面筑有卧榻，乃是傅山先生当年隐居之处。

傅山（1606—1684），山西曲阳人，初字青竹，后改青主，别号有真山、乔山、

晋祠身穿盔甲、姿态威武的金人像

晋祠云陶洞景观

松桥老人、朱衣老人、石道人等。他是明清之际著名的思想家、诗人、文学家、医学家、书画家，也是清初著名的反清人士，一生以反清复明为己任，与当时的顾炎武、阎尔梅等反清名士都是好友，相传他同顾炎武就曾经在云陶洞中策划反清复明。

在云陶洞的南壁上有一块突出的怪石，上面题有"云陶"二字，是傅山所题，云陶洞也因此而得名。"云陶"二字取自唐朝崔曙《九月登望仙台呈刘明府》中的"三晋云山皆北向，陶然共醉菊花杯"之句，意思是说与志同道合的朋友们，云集在洞中畅饮菊花酒。傅山也确

晋祠铸金人的表情各异，生动传神

实经常在洞中煮茶款待朋友，茶香与云霞缭绕，这也就是晋祠内八景"石洞茶烟"的来历。

　　傅山先生在此隐居时，经常写诗、作画、写对联。著名的七律《朝阳洞》、七绝《宿云陶》就是这时完成的。相传他画的猫可以吓走老鼠，他画的花可以吐露芬芳。但是傅山先生只是为穷苦大众作画，从来不给达官贵人作画，对此这里有一个传说：有一次，本县的县官登门求画，傅山先生迫于无奈，用二拇指蘸上淡水浓墨，在画绢上"嚓、嚓、嚓……"几下，画了几条金鱼。气得县官二话没说转身就走，当他们经过鱼沼飞梁时，县官令人拿到水

金人见证了晋祠漫长的历史

里洗掉画绢上的墨迹。殊不知画绢刚浸在水里，几条金鱼便从绢上跃出，在水里游来游去非常好看，县官后悔不已。

（十二）开源洞

从云陶洞出来，穿过北面的月亮门，就来到了开源洞。这是一个高不足二米，深约四米的小洞，里面供奉着一尊财神像，因此也称为财神洞。希望自己发财的人们，总是会到这里拜上一拜，因此，这里至今香火仍然很旺。

（十三）诗风轩

待凤，顾名思义，就是等待凤凰。这里所指的凤凰就是慈禧太后。

从开源洞出来后北行，就来到了待凤轩。这是一座座北朝南，面宽三间的建筑。轩中悬挂的"待凤轩"横匾和两旁的楹联："桐叶自当年剪得；凤凰于何时飞来"都是书法大师杨二酉所作。

待凤轩始建于清康熙五十七年（1718），光绪二十六年（1900）曾修葺。相传，八国联军入侵北京时，慈禧太后和光绪皇帝仓皇出逃，途经热河，于八月十五到达太原。出逃途中风餐露宿，吃尽了苦头，完全没有了太后的样子，在到达太原时恰逢中秋，于是慈禧太后在向山西巡抚确认太原没有义和团后，就想在太原过个中秋节。于是山西巡抚就将慈禧太后的住处安排在了晋祠。正当她和李莲英唠叨以前中秋节在北京圆明园赏月的事时，山西巡抚前来进献山西特产的提浆月饼。当慈禧太后津津有味的品尝月饼时，忽然发现馅中夹着一张红纸条，打开一看，上面写着："义和团，义和团，抓住鬼子剁成酱，刀劈赃官下黄泉。"慈禧太后顿时吓得一身冷汗，连忙传旨起驾，连夜南下了。现今的待凤轩是1981年新建的。

（十四）读书台

读书台是东庄高汝行于明嘉靖二十七年（1548）捐资兴建的，清乾隆五十年

晋祠读书台一景

晋祠舍利生生塔一景

晋祠唐叔虞祠景观

(1785)曾修葺。读书台面宽三间,正门前檐上悬挂着乾隆年间太原县知县吴重光书写的"读书台"匾额,台前柱上挂着傅山之子傅眉所写的楹联:"小架几函云锦艳;空床三尺雪丝凉。"

唐叔虞祠陈列的元代乐伎塑像

读书台地处晋祠的最高处,其西山峦叠嶂;东面凭栏观望,近处是楼台殿阁,浓荫疏影,远眺晋阳一川尽收眼底。旧时文人墨客多喜在此谈古论今,吟诗作画,所留对联题咏甚多。戴王命《难老泉》诗"悬瓮山前别有天,滔滔活水几经年。古今多少兴亡事,天地同流难老泉"即吟于读书台。

(十五)唐叔虞祠

唐叔虞祠是晋祠景区中仅次于圣母殿

晋祠高大的舍利生生塔

的第二大建筑，坐落于北线名胜的中间位置，前临八角莲池，东依关帝庙，西依景宜园。

唐叔虞祠是一座独立的前后院庙宇建筑，祠门上悬挂着"唐叔虞"三字立匾。登上25层台阶，穿过高耸的山门，来到前院，迎面享殿面宽三间，进深二间，顶为卷棚歇山式，明间前后辟门，东西两侧靠墙有14名元代泥塑乐伎，手中各持笛、三弦、琵琶等乐器，呈演奏状。这几尊塑像是1963年用小平车从太原市区古关帝庙中拉回的，是研究元代杂剧和古代乐器的珍贵实物资料。前院东西两面曲尺围廊中镶嵌着宋代吕惠卿《留题兴安王庙》、

晋祠一景

姜仲谦《谢雨文》、清代朱彝尊《游晋祠记》、杨二酉《晋祠两柏赋》、吴重光《晋祠杂咏》等40多块名人石刻。

正面叔虞殿面宽五间，进深四间，顶为单檐歇山式，前廊有6根圆柱，外观为重檐式样。殿内神龛中有一尊身穿蟒袍、手持玉圭的叔虞坐像。两个侍童分立两旁，神龛下又有文武二侍臣对峙而立。神龛两旁红漆圆柱上盘绕着两条木雕蟠龙，殿内高悬清朝光绪皇帝御书"三晋遗封"和慈禧太后"勤俭训俗"两块匾额，殿外楹柱上有道光年太原县知县王炳麟撰书的楹联："悬瓮庆灵长，锡兹难老；分圭遗后泽，惠我无疆。"

晋祠唐叔虞祠殿门风光

大殿前廊东西两面各竖《重修汾东王庙记》、《重修唐叔虞祠记》两块石碑。后院东西两面各有面宽三间的廊房。东面廊房中陈列着一尊大石佛头，是日本帝国主义侵略者盗走的天龙山文物，朝鲜人民在抗美战争中发现并送还中国的。

唐叔虞是西周晋国的开国诸侯，晋祠本是祭祀唐叔虞的祠堂，远在北魏时期成书的《水经注》中就有"沼西际山枕水有唐叔虞祠"的记载，后经北宋、元、明、清历朝历代的改建、重建，晋祠逐渐成为融合道教、佛教的综合性祠堂建筑群，圣母殿逐渐成为晋祠的主体建筑，而唐叔虞祠却被冷落了。现在我们看到的晋祠是清乾隆三十六年（1771）修缮、扩建的。

（十六）昊天神祠（关帝店、三清洞）

昊天神祠坐北朝南，是晋祠中最大的道教庙观。因玉皇大帝全称是"昊天金阙至尊玉皇大帝"，因此称为"昊天神祠"。昊天神祠是在关帝庙旧址上扩建的，因此民间一直称这里为关帝庙。

昊天神祠为前后两进院落，前院中殿面宽三间，进深二间，顶为悬山式，殿前明间开隔扇门，前廊檐上高悬清咸丰年江苏韩宝绶撰书"如天之平"横匾。殿中塑关帝坐像，丹凤眼，卧蚕眉，红脸长髯，身着绿袍玉带。两壁及后墙上绘桃园结义、水淹七军等80余幅关帝故事图，传为明代作品。关帝庙大殿后墙上有清道光年地方画师杨容所绘天龙山名胜古迹图，仿宋人山水画法，将天龙山全景描绘在长9米，宽2米的墙壁上，显得特别宏大逼真，引入入胜。遗憾的是如今已模糊不清。前院中殿廊前，各有面宽三间的东、西配殿，院中还有一株高18米的隋代老槐树，盘根错节，极富古趣。

后院主殿为二层建筑，东西两旁各有配殿三间。中间主殿下层为三穴石洞，名三清洞；洞顶上部有砖砌仿木构斗拱出

晋祠仙阁梯云景观

檐，明间额上嵌有清乾隆年晋祠镇杨培所撰"先天祖炁"砖刻横匾。洞中原有三清像为明代所塑，是从景宜园三清殿旧址搬来，后毁于"文革"中。现在的三清像，乃80年代所塑。上层玉皇阁建在三清洞顶，面宽三间，单檐歇山顶，殿脊有琉璃瓦覆饰，飞阁前面及左右有廊可绕。玉皇阁原有玉皇大帝塑像及"玉皇阁"匾额，今均无。

晋祠朝阳洞一景

（十七）东岳祠

东岳祠又名泰山庙，是祭祀东岳大帝黄飞虎的庙宇。东岳祠创建年代不详，明清两代都曾重修。

东岳祠正殿面宽三间，进深两间，单檐悬山顶，明间檐下悬挂"治理明幽"横匾。祠门为二柱一门牌坊式样，小巧玲珑，两面各有低矮的砖砌花墙与正殿相接，形成一个独立的小院落。院东北有一株高大的古槐，干老无枝，号称"汉槐"。西南角有一株17米高的古柏，直径2米，干如苍龙，雄健有力，名"长龄柏"，相传为周代所植。院中央有一方形单檐歇山顶小建筑，四周无墙，四隅有用砖围砌成软心墙的角柱四根，很像一座造型别致的凉亭，有关晋祠的所有书籍、文章都云此乃东岳大帝享亭或享殿。

（十八）钧天乐台

钧天乐台是昊天神祠前的戏台，是乾隆年间，扩建关帝庙是建造的。"钧天"二字出自《列子·周穆王》中的"钧天广乐，帝之所居"句，"钧天乐"意为天上的神仙音乐。

晋祠共有两座戏台，一是水镜台，二是钧天乐台。两座戏台是在不同时期修建的，建筑风格皆然不同。水镜台前台是单檐卷棚顶，后台为重檐歇山顶，分别各有一套梁柱，是一座组合式的建筑。而钧天乐台却是单檐歇山顶勾连卷棚顶，前后台连为一体的整体建筑，另在东、西、南三面筑低花墙做栏杆用。水镜台前台

晋祠钧天乐台是专门为关帝演戏的地方

立柱上用梁枋连接承重，外加雕镂龙凤狮虎的花板，虽然金碧辉煌，但给人一种繁复臃肿之感；而钧天乐台却是采用精巧斗拱承接梁架，显得既舒畅清爽，又玲珑秀丽。有人比喻说："水镜台像一位雍容华贵的妇人，而钧天乐台像一位小家碧玉。"

（十九）文昌宫与七贤祠

文昌宫坐落于晋祠景区北部东端的智伯渠北岸，是一座传统结构的清代庙堂式建筑，清乾隆三十八年（1773）扩建而成。

文昌宫的宫门为一门两扇式，十分高大雄伟。宫内筑洞三穴，为七贤祠，上层架飞阁三间，为文昌阁，中为文昌帝，左魁星，右禄神。文昌宫院内东西两面各有厢房三间，院内古木参天，优雅怡人。

据《明史·礼志》和《三教源流搜神大全》记载：文昌，又名"文曲星"，是中国神话中主宰功名、禄位的神，旧时多为读书人所崇祀。

七贤祠内的七贤是：周代的豫让，唐代的李白和白居易，宋代的范仲淹和欧阳修，明代的于谦和王琼。这七位古代名人，有的生在此地，有的曾在此地居停，都是名臣义士或诗人学者，都与晋祠有一定的关系。故杨二酉在《晋水七贤词碑记》上

晋祠蟠龙廊柱

晋祠内参天的古树

写道:"之七贤者,虽生不同时,居不同地,而大节鸿文丰功伟烈,赫然在人耳目之前,足为晋水光也。"

(二十)公输子祠

公输子祠俗称鲁班庙,是石、木、泥瓦等各类工匠为奉祀他们的祖师爷鲁班而自愿出资兴建的。公输子祠创建年代不详,神龛是清雍正八年(1730)增建的,清乾隆二十五年(1760)曾重修。

公输子祠正殿三间,坐西朝东,殿的前檐上悬挂着"巧思入神"的匾额。整个祠堂古朴大方，恰似一户农家小院。

公输子，复姓公输，名般，子是古代对男子的尊称。他是春秋时期鲁国人，般与班同音，故称鲁班。他是名扬古今的能工巧匠，也是春秋时期伟大的科学家和建筑学家。后世尊他为木匠、泥匠、石匠的祖师爷。据《墨子》记载，鲁班曾为楚国制造木鸢，可以飞行，以此窥察宋国城池。相传木匠、泥匠、石匠们用的工具都是鲁班发明的。还有鲁班发明锯的传说，但这已经被考古学家们否定了。考古发掘表明，锯是在西周中期发明的。虽然锯子不是鲁班发明的，但可能正是鲁班对其进行改造后，才使其被广为应用的。

雪后的晋祠别有一番韵味

（二十一）三圣祠

三圣祠的殿宇坐南朝北，面宽三间，建在一个一米多高的平台上，庭院约有100多平方米，宽敞利落。

三圣祠创建之初供奉着药王、仓公和扁鹊三位古代医药专家，到了乾隆二年（1737），有人提出，药王就是扁鹊，因此在改建时就将扁鹊换成了龙王，即：中间是药王，左为仓公，右为龙王，因为仓公也称为仓王，因此三圣祠也称为三王祠。其实药王并不是专指某个人，唐朝以前人们将雷公、岐伯、仓公、张仲景、华佗、

晋祠雪景宛如一幅水墨丹青

晋祠雪景

王叔和、黄埔谧、葛洪、陶宏景都当做药王来奉祀,因此"药王"实际是对名医的尊称。

至于为何将龙王作为三圣之一,相传龙王是居于水中,负责行云布雨的主神,而晋祠正是因水(晋水)而生的,因此也就将龙王作为三圣之一加以奉祀了。

(二十二)胜瀛楼与无字碑

胜瀛楼是一座二层楼阁式建筑,总高17米,重檐歇山顶,上层东檐上悬挂着"胜瀛"匾额。"胜瀛"之名是根据《史记·秦始皇本纪》中的"海中有三神山,名曰蓬莱、方丈、瀛洲,皆仙人居所"记载发展而来的，是把胜瀛楼比作仙境。

当年兴建胜瀛楼时，有这样一个传说：原来的地基，是在今胜瀛楼东三米之处，脚手架已搭好，一天夜里，忽然一阵大风，把整个脚手架往后移了三米，时人认为这是瀛洲山的仙人前来更改地基，于是才把胜漏楼的地基定在现在的这个地方。"夏至"这一天，胜瀛楼竣工，恰巧与"阳光直射北回归线"的时机吻合，使胜瀛楼的四面都能照上太阳，获有"胜瀛四照"的说法。因此，有人把胜瀛楼比作仙阁，"胜瀛四照"便成为晋祠内八景之一。

胜瀛楼北面台基上竖有一块高约两米的大石碑，石碑上没有文字，因此得名无

晋祠圣母殿一景

晋祠是我国古典建筑艺术的一朵奇葩

字碑。宋初，赵匡胤、赵光义三下河东征伐晋阳，终于在太平兴国四年（979）将晋阳攻破。赵光义认为晋阳一带是福地，晋阳北面系舟山是龙头，西南龙山、天龙山是龙尾，晋阳居中是龙腹。赵光义害怕晋阳再有"真龙"出现争夺宋朝天下，于是将晋阳火焚水灌，夷为平地。晋阳城毁后，人民流离失所，对宋朝十分痛恨，对赵光义仿效李世民在晋祠中竖立的，对宋朝歌功颂德的《新修晋祠碑铭并序》碑，经常有人暗中敲剥，最后竟一字不留，成为无字碑。

（二十三）奉圣寺

奉圣寺，全名为十方奉圣禅寺，位于舍利生生塔旁，建于唐高祖武德五年（622年），原是唐朝开国功臣尉迟敬敬德的别墅。这位累建战功的鄂国公，晚年感到自己的一生伤生太多，便将这座别墅献给佛门，以忏悔自己。这本是一座学术价值极高的初唐建筑，但却在解放初被毁，现在的奉圣寺是在80年代新建的。

现在的奉圣寺为两进院落，山门面宽三间，进深二间，单檐歇山顶，大门正中悬西河秦龙光民国五年（1916）题"景清门"大横匾，门柱挂杨二酉撰书"山环水绕无双地；神乐人欢第一区"楹联，大门内外左右新塑仿唐四大天神像。第一院正中为弥勒殿。是从汾阳迁来的道教二郎庙中殿，面宽三间，进深二间，单檐悬山顶，殿内新塑大肚弥勒佛像。东西两侧各有新建碑廊五间，陈列着大小不等100余块唐代武周华严石经，这些稀世石刻珍品原在太原县风洞之中。奉圣寺前院山门内南侧，移有唐代枯松树一株，相传尉迟恭常将铠甲挂于树上，故将此树称为"挂甲松"。后院大雄宝殿即原东山马庄芳林寺大殿，面宽五间，进深三间，单檐歇山顶，上覆琉璃瓦，殿中有九尊新塑仿唐佛像，后院左右各有新建配殿五间，里面有十八罗汉

晋祠有很多造型别致的亭台

朝观音，十殿阎君拜地藏王菩萨等像。

（二十四）舍利生生塔

舍利生生塔位于奉圣寺北浮屠院中，是一座高三十八米，八角七级琉璃瓦顶的砖塔。舍利生生塔创建于隋朝开元年间，宋仁宗宝元二年（1040）重建，清乾隆十三年（1748）在晋祠南堡杨廷璿的提倡下重建。

舍利生生塔每层配镶琉璃檐饰；角檐上都有风铃，微风吹来，丁当作响，清脆悦耳。塔顶八条琉璃龙饰在阳光照耀下，闪闪发光，煞是好看。塔每层四面均有低门，绕以短栏，可供凭倚。除第一层正面

晋祠舍利生生塔一景

"宝塔披霞"是著名的晋祠八景之一

有杨二酉"雅明动化"横匾外，其余各层门额均有砖刻题字。

从塔内蹬道盘旋而上，可至塔顶，凭栏远眺，汾晋山川、田野、自然风光尽入眼帘。每当夕阳下山，霞光万道，分外瑰丽，于是"宝塔披霞"成为晋祠内八景之一。

晋祠圣母殿廊柱上的蟠龙雕饰

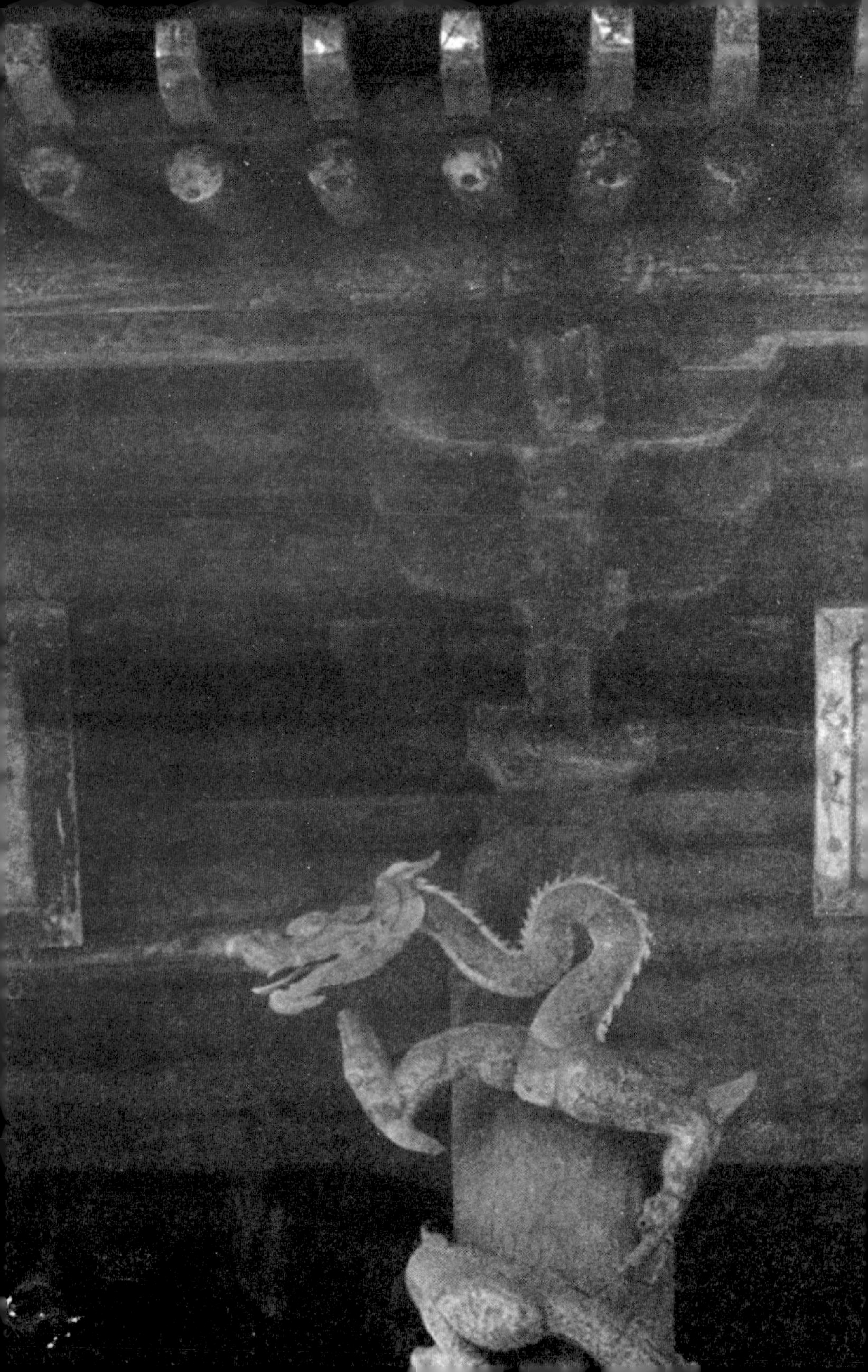

三 晋祠山水

晋祠留山亭景观

《晋祠志》云:"三晋之胜,以晋阳为最,而晋阳之胜,全在晋祠。"晋祠山水秀丽,风光明媚,是山西的名片型风景名胜区。悬瓮山上郁郁葱葱,晋水从山下缓缓流过,晋祠就坐落在这山水之间,祠因山水而生,山水借祠而灵。

(一)悬瓮山与望川亭

悬瓮山,又名天目山,也叫龙山,是吕梁山脉边沿的名山之一。悬瓮山主峰为极乐峰,北临卧虎山,南绕鸡笼山,天龙山在其西,晋水出其东。

"悬瓮"之名最早出自于《山海经》中的"悬瓮之山,其上多玉,其下多铜,其兽多闾麋"句。明嘉靖年间的《太原县志》中说:"山腹有巨石,如瓮形,因以为名。宋仁宗时地震,巨石摧圮,今无复瓮形矣。"《晋祠志》中也提到:"又晋祠北龙山头入明仙峪,迁曲数里而跻,其石高悬山腹,磊磊落落,浑然天成,无小大皆象古瓮形。"

古望穿亭始建于北齐天保年间,明嘉靖年间重修,清康熙年间再次重修,乾隆末年塌毁,当地人称之为"大亭台"。顺水母楼后的小道攀上悬瓮山,大约走了三百多步后,就到了欢喜岭,这里有一块小平地,只有一些瓦砾地基散落在杂草间,

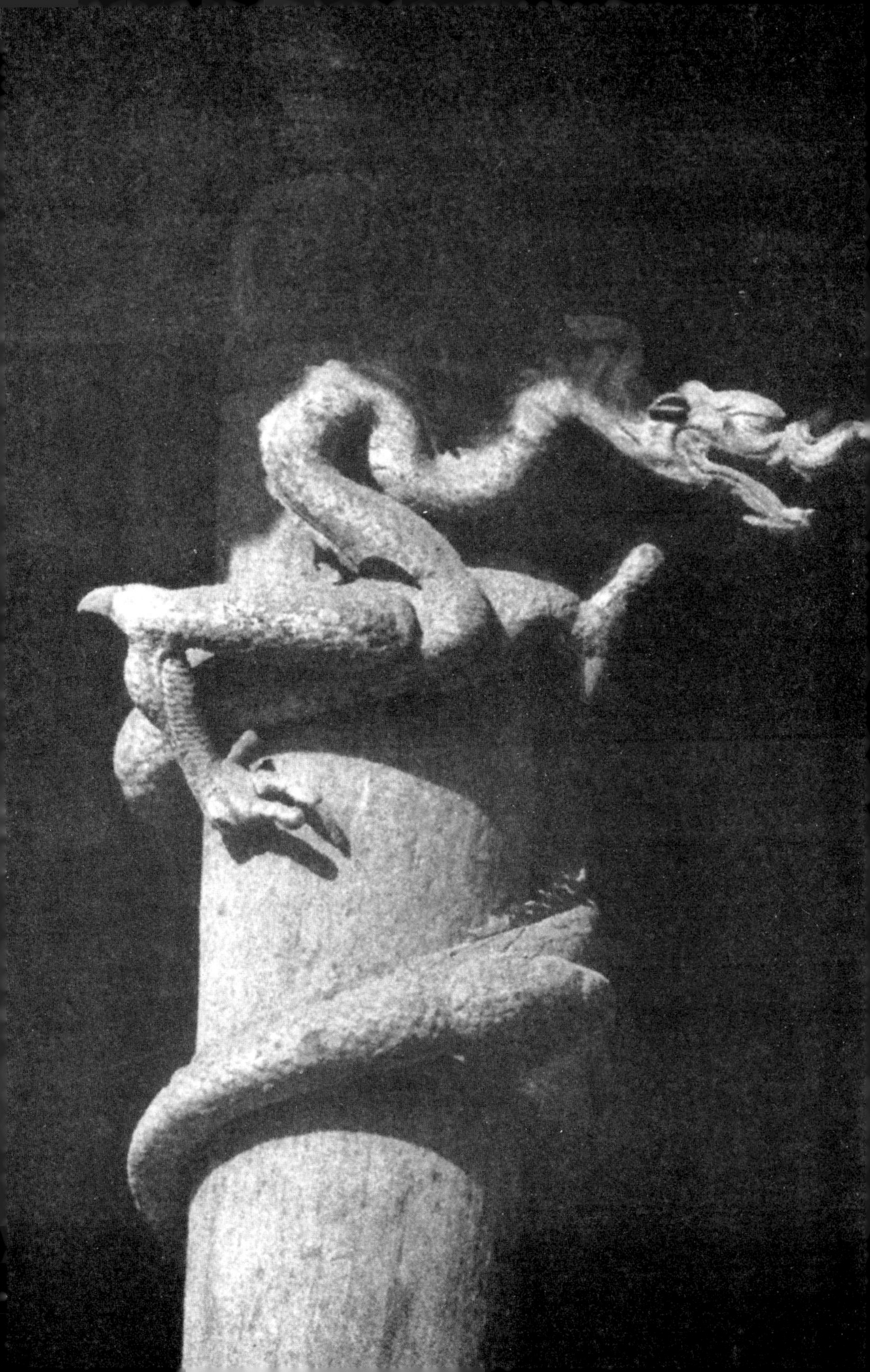

晋祠廊柱上盘旋的蛟龙

这就是古望穿亭遗址。由此往北不远处有一座红柱黄瓦，雕梁画栋的小凉亭，这是1960年新建的望穿亭。

从望川亭旧址再往上攀三四百步，又有一片馒坡平地，也有瓦砾砖石，这就使北齐名相杨愔曾经读书的古读书台遗址，史载杨愔"性既恬默，又好山水，遂入晋阳西悬瓮山读书"。从读书台遗址再往上攀登数百步，就达悬瓮山前部主峰极乐峰，所谓晋词外八景之一的"悬瓮晴岚"就是指这里了。赵谦德有诗云："瓮山之青青到天，云磨雨洒长年年。幽人朝暮看山色，独坐翠微兴靡然。"将悬瓮山顶峰的美景描写的栩栩如生。从极乐峰西边下行百余步，沿山岭西北行3里许，就到了"悬瓮石洞"。此洞又名"柳跖洞"，俗呼"瓦岗寨"。据民间相传，春秋时山东柳下跖聚众起义转战山西，初居此洞。后因党众益多，容放不下，才移至椰子峪天龙山一带，至今天龙山尚遗柳下跖练兵插旗的"插旗石"，为天龙山八景之一。

（二）难老泉及亭

"悬瓮之山，晋水出焉"。晋祠水的出处有三，首屈一指的就是难老泉。

难老泉是晋水的主要源头，俗称南海眼，位于水母楼前，乃"晋阳第一泉"，同苍枝屈虬的齐年古柏和美轮美奂的宋塑侍女像同称为"晋祠三绝"。

难老泉是从何时而形成的，至今未知，但在我国最早的地理书籍《山海经》中已有这样的记载："悬瓮之山，晋水出焉。""难老"出自《诗经·鲁颂》中的"永锡难老"之句。

"北齐显祖文宣帝临幸晋祠，雅爱清泉，赐钱造亭于泉源之上。"由于年久失修，此亭最终被毁，现存的难老泉亭是明嘉靖年间重建的。难老泉亭高约7米，亭下有一圆井形的出水口，大约有六丈多深，圆周长有五丈。亭内有很多匾额，明末清初傅山先生所题的"难老"立匾，

晋祠难老泉景观

傅山先生所题的"难老"立匾是晋祠三大名匾之一

同"对越""水镜台"并称为"晋祠三大名匾",另外清乾隆年间晋祠镇儿科大夫杨一阳所题写的"奕世长清"和清康熙年间刘汇所题的"晋阳第一泉"大字立匾,也都是传世的佳作。历代文人墨客还题有楹联六幅,分别是清代道光年间宁鹏年所题:"昼夜不舍,天地同流";民国初年太原县知县秘书林素园所题:"无量源渊无量泽,第一山林第一泉";清末贡生晋祠南堡人宁停德撰书的"自古山经曾继美,于今水注商留芳"和"出海眼无冬无夏,泛波心有温有凉"二联;清同治时太原县知县王钟麟撰书:"悬山玩翠,袖海观珠。"另外还有一

难老泉边的亭台

幅佚名的楹联"泉出乎地，地久泉俱久；水生于天，天长水也长。"

难老泉水从清潭西壁半腰间汉白玉龙口中喷涌而出，泻入下面潭中，看似白练飞展，听如琴筝合鸣，泉水晶莹透彻，此即晋祠内八景之"难老泉声"。唐代著名诗人李白携歌妓，载歌乘舟晋水之上时，就留下了"时时出向城西曲，晋祠流水如碧玉。浮舟弄水箫鼓鸣，微波龙鳞莎草绿。兴来携妓恣经过，其若杨花似雪何。红妆欲醉宜斜日，百尺清潭写翠娥"的千古名句。

难老泉水量充沛，水温常年在十七八度左右，"冷于夏，温于冬"。故有人题诗云:"涓涓难老泉,分流晋祠侧,中有长生萍,冬夏常一色。"晋水很早就被人们开凿利用,《山海经·北山经》就有:"千家灌禾稻,满目江乡田……皆如晋祠下,生民无早年"的记载。元代的嘉议大夫金河东山西道参政廉访使契玉立,于至正五年(1345)撰写的游晋祠诗序:"山之麓,有泉出焉,涌跃腾沸,光莹澄彻而不浊也。周游匝布,溉田千顷而不竭焉。民蒙其利,崇德报功。"《秋游晋祠》亦云:"并人昔游晋水上,清澈照耀涵朱颜。晋水今入并州里,稻花漠漠浇平田。"北宋嘉佑八年,太谷知事公乘良弼所撰重广水利记中说:"难老泉源晋祠下,支行股引,

晋祠清澈见底的流水

东走平陆，十分之以溉民土；倍加于昔者，前大夫陈君所为也。穴庙垣以出其七分；循石弦而南行一分半，面奉圣院折而微东，以入于郭村；又一分凑石桥下，以入于晋祠村；又支者为半分，东南以入陆堡河。"

平晋尉陈知白为了广兴水利，于嘉佑五年把晋水在原有的基础上分为四股，以利灌溉。杨二酉所说的晋祠外八景之一的"四水青畴"，就是指这四股水而言。它们是：海清北河、鸿雁南河、鸳鸯中河、陆堡河。《读史方舆纪要》中记载：宋熙宁八年，太原人史守一修晋祠水利，溉田六百有余顷。约合今天的六万余亩。九十

晋祠水镜台演戏所用的后幕

晋祠水镜台一角

年前刘大鹏作诗所说的："一源活水四分流，灌遍南畴暨北畴；万顷畛畦资泽溥，千村黎庶颂恩稠。"就是当年晋祠灌区的写照。

"晋水四河"解放后可灌溉约三万余亩，并带动水磨数十盘。

建国后，由于人工开采量加大，晋泉水量急剧下降，尽管国家和当地政府采取各种办法加以补救，但为时已晚，20世纪70年代，晋水三大源头之一的善利泉干涸，1994年4月中旬，久病不愈的鱼沼和难老泉也先后断流了。1996年市政府花了200万元，作为应急，建了个"小循环"，把汾河的水引入难老泉，以供观

晋祠鱼沼飞梁景观

赏。2003年为了迎接太原市建城二千五百年，政府又投资1200多万元，建了个大的循环引水工程，叫做"大循环"。

　　叫人稍有安慰的是有资料说"晋泉水在天然状态上，其流量是比较稳定的，但有时也会减少"。刘大鹏所著《晋水志》中曾记载过三次水量减少：明崇祯二十二年（1650）善利枯竭连续十年；清雍正元年（1723）鱼沼泉"衰则停而不动，水浅不能自流，水田成旱"；民国17—18年（1928～1929）圣母泉（即鱼沼泉）曾结冰。以后也出现过类似的情况。因此推测，晋泉是有一定规律性的周期变化的泉。周期大约为70—100年。

晋祠三晋名泉一景

人们寄希望于难老、鱼沼和善利三泉是个"有一定规律变化的泉"。也许若干年后，晋泉能起死回生，出现"凤凰涅槃"的奇迹。

（三）不系舟

由难老泉顺流而下是流碧亭，再而下便是小型石舫，上置单檐卷棚顶凉亭，四周设汉白玉低栏，是民国十九年（1930）所建。小石舫名为"不系舟"，出自《庄子·列御寇》中的"饱食而遨游，泛若不系之舟"句。

游人登舟四眺，但见远处婆娑古树之间金碧辉煌的亭台楼阁，与红墙碧瓦相互辉映，美轮美奂。游人至此，仿佛置身于江南园林，叹为观止，流连忘返。

（四）鱼沼飞梁

晋水的第二泉源是鱼沼，鱼沼位居圣母殿和献殿之间，深3米有余，水量仅次于难老泉，其绝大部分水量汇入智伯渠。

根据古人对池和沼"圆形者为池，方形者为沼"的区别：鱼沼呈方形且多鱼，故名鱼沼。鱼沼上"结飞梁于水上"，于是叫做鱼沼飞梁。鱼沼飞梁的创建年代已难确证，但北魏丽道元的《水经注》中记有："枕山际水有唐叔虞祠，水侧有凉堂，结飞梁于水上。"可见，鱼沼飞梁在北魏或

晋祠飞沼鱼梁景观

北魏之前就存在了，距今已有至少1500多年的历史。

飞梁俗呼"板桥"，呈十字形座于鱼沼之上，高出地面1米有余，为石木建筑。整个桥面由34根八角石柱支撑，石柱上有斗拱和梁枋承托桥面。桥面东西长19.6米，宽5米，两端平面分别连接圣母殿和献殿；南北长19.5米，宽3.3米，两端呈坡形下斜与地平。桥面铺有路砖，桥上设有汉白玉栏杆，好像两座桥十字交叉在一起。鱼沼飞梁是"三大国宝建筑"之一，是国内仅有的孤例建筑。近代建筑家梁思成曾赞叹："此式石柱桥，在古画中偶见，实物仅此一例，洵属可贵。"

民间有关鱼沼飞梁的传说有很多，其

三大国宝建筑之一的鱼沼飞梁

"鱼沼"二字古朴雅致、端庄秀美

中有一个传说是：相传这鱼沼飞梁是鲁班建造的。鲁班的妹妹心灵手巧，裁剪缝纫，织布刺绣，无所不精，就是争强好胜，看见哥哥被世人尊为木匠、泥匠的祖师，心中不服，决心要和哥哥比试一下。一天，鲁妹和鲁班打赌，一个晚上，哥哥造一座十字桥，妹妹做一双绣花鞋，次日鸡叫时见输赢。鲁妹飞针走线，鞋帮鞋底都已做好，只见鲁班不慌不忙，比比划划，在地上用泥和小木棒雕制十字桥的模型，鲁妹心想："哥哥这回输定了。"得意地哼起了小曲。忽听得雄鸡高鸣，鲁妹的鞋还没有绱好，却见鲁班将十字桥模型拿起来往空中一扔，不偏不倚，一座十字桥正好落

晋祠善利泉一景

在了晋祠圣母殿前的鱼沼之上，这便成了鱼沼飞梁。

（五）善利泉

善利泉是晋水的第三个泉源。在莲池西边有一长方形四角亭，这亭面临莲池，有亭名松水亭，亭的左右柱，挂木联一副，联句是："晋水源流分水曲；荷花世界稻

前来参观"鱼沼飞梁"的游人

花香。"亭的西北就是善利泉。善利泉俗称北海眼，砖石做圆形，状如巨井，泉上有亭，亭内悬立匾一方，题曰"善利"老子说："上善若水，水善利万物而不争。"这就是命名"善利"的取义。善利泉泉水虽然微小，但水位却高于他泉。

（六）水母楼

水母楼就是晋源神祠，俗称梳妆楼，别号水晶宫。水母楼坐西朝东，北邻公输子祠，东对难老泉亭。明嘉靖四十二年（1563）创建，清道光二十四年（1844）重修。

晋祠山水
077

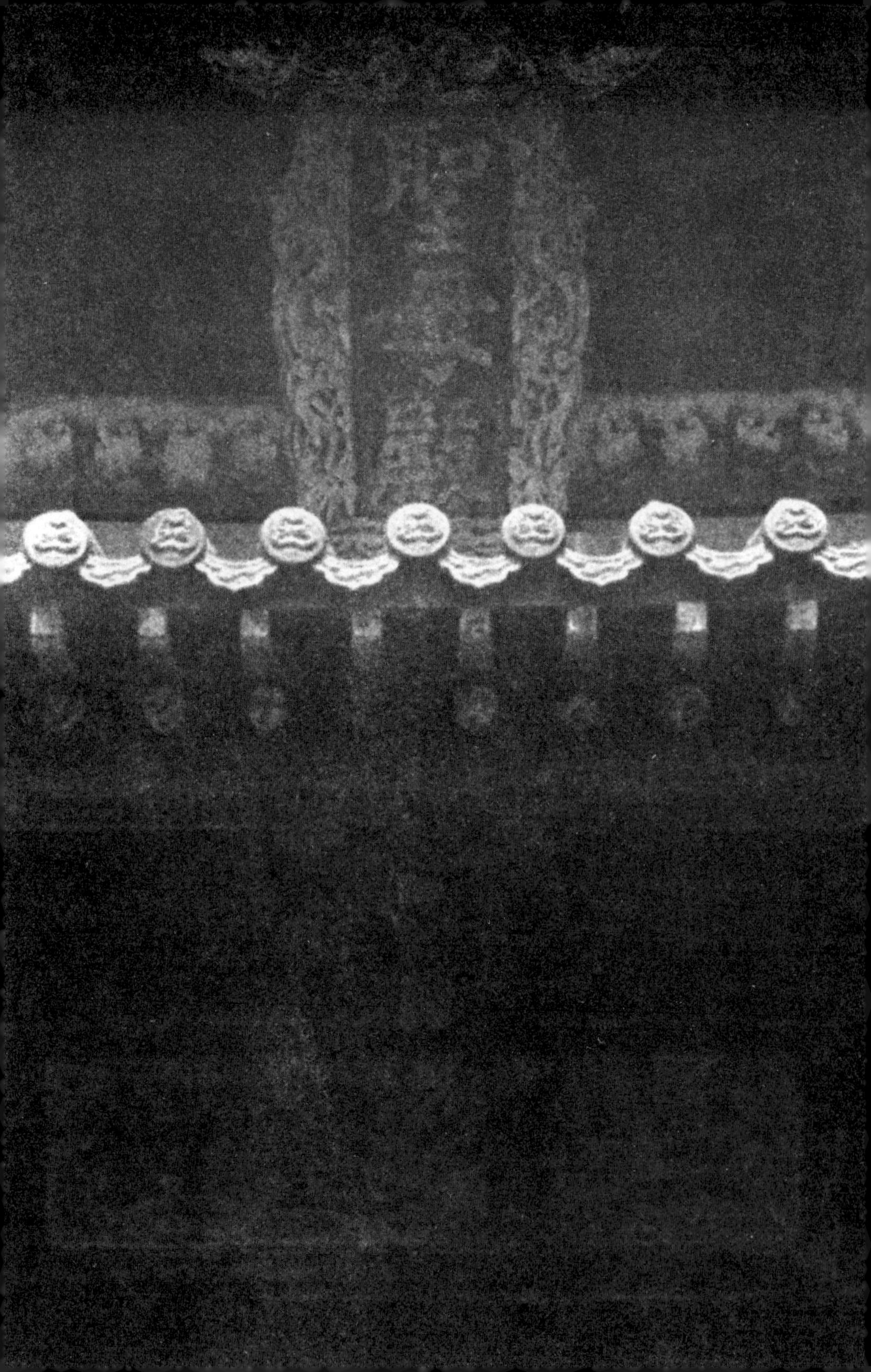

水母楼为重檐歇山顶双重楼阁式建筑，四周有围廊。下层是三口砖砌券洞，一明两暗，中洞悬挂清同治十三年（1874）御书"功资乐利"横匾，四周走廊壁上嵌有历代题咏石刻。洞中塑有一尊水母铜像。

水母楼二层为木构建筑，而宽三间，进深二间，楼前檐高悬杨二酉"悬山响玉"横匠。楼内中央神龛塑有敷化水母坐像一尊，瓮形神座，正在梳头发的水母神态安详地端坐其上。两旁分立8尊风格别致的侍女像。这一组明代塑像，前为美女状，后为游鱼形，称为"鱼美人"，是难得的艺术佳品。楼中南北两面绘有"水母朝观音"壁画，用笔飘洒，生动感人。

令人称奇的是水母楼内供奉的水母，不是凤冠霞帔的"敕封诰命"某位名声显赫的贵族女姓，而是一位传说里的农妇。

传说水母姓柳名春英。晋祠北金胜村人（距晋祠十公里），柳春英生性善良贤慧，勤劳俭朴。婆家在古唐村，因当地缺水，春英每天要爬山越岭到很远的地方去挑水，往返一次要好几个时辰，不论寒暑冬夏，下雨落雪。有一天早晨，她挑水走到半路，碰到一位汗津津的骑马老人，向她讨水饮马，尽管春英挑水

晋祠三圣祠景观

晋祠难老泉和水母楼景观

艰难,仍爽快地答应了老人的要求。第二天早晨,老人还是讨水,喝完了水,老人对她说:"我是白衣大仙,久闻大嫂贤慧善良,今日相遇,果然名不虚传,我送你一件礼物。"说着拿出一条金丝马鞭,对她说:"把这马鞭放在水瓮里,用水时,只要把鞭子轻轻一提,水即满瓮。但千万不要把鞭子提出瓮外。切记切记。"这条马鞭确实神奇,从此春英免去了跋涉担水之苦。那天春英回娘家后,她那刁婆婆和恶小姑到厨房把马鞭从瓮里提出来要毁坏马鞭,谁知马鞭从水瓮中提出来后,忽地一声巨响水从瓮中奔泻而出,转眼间,大水流遍了整个古唐村。

正在梳妆的柳春英急忙骑着快马赶了回来，一下子坐到瓮上，洪水成了生生不息的难老泉。而柳春英再也没有离开过水瓮，这位传说中的农妇，就是今天端坐在瓮上的水母。

（七）台骀庙

台骀庙在圣母殿南，坐西向东，面宽三间，前有月台。其建筑形式与苗裔堂相同，同为圣母殿左有配殿。此庙由东庄（晋词东南5里）高汝行独资修建，始建于明嘉靖十二年（1533），清雍正、乾隆、嘉庆、道光年间曾由东庄高家子孙出资修茸，解放后1956年始由人民政府投资修建。殿内中央有台骀像，木雕

晋祠一景

金饰，系明代遗物。

　　台骀是晋祠的另一位水仙。此人虽不及圣母、水母名声显赫，但在历史上也是个叫得响的人物。据春秋时候的郑大夫子产说，古代时候的金天氏，有一个裔子叫昧，担任着元冥师（治水之官）。那时晋阳一带是"三山、六水、一分田"，水患频仍，民众深受其害，治水的任务相当的艰巨。昧生了两个儿子，长名允格，次名台骀。而台骀能够接受父亲昧的经验教训，治水更有高招，所以在颛顼执政的时候（约在公元前2500年）就授命台骀子承父业，也担任了治水的高官。台骀在治理和疏通太原境内的汾河和晋南闻喜境内的洮河成效

晋祠智伯渠景观

晋祠一景

卓著，不仅根除了洪水灾祸，还出现了太原盆地，晋阳民众受益非浅。郑子产说台骀："宣汾、洮，障大泽。"就是记述的这段故事。颛顼对台骀特别嘉奖，就把他封在晋川，兼长政事。后来台骀去世了，人民追念他的功绩，便尊奉台骀为汾水之神。

（八）智伯渠

难老、鱼沼、善利三泉之水，大都汇入智伯渠。可以说智伯渠是晋水主干渠，是晋水的大动脉。水声潺潺，清澈见底，尽显晋水风采。晋水共有四河，分别是海清北河、鸿雁南河、鸳鸯中河、陆堡河，

晋祠依水而造的亭台

其中海清北河就是智伯渠,是晋水四渠中,历史最久,灌溉田亩最多的。

为什么叫智伯渠呢?智伯名瑶,伯是他的爵号。春秋末期(公元前454年)晋国的四家卿大夫中,智伯最强,他想吞并其余赵襄子、魏桓子和韩康子三家取代晋室。赵襄子拒绝了智伯提出一百里领土无理要求后,智伯便邀请韩、魏两家共同攻打赵襄子。赵襄子在战争暴发前夕,固守晋阳(今太原市南郊古城营村一带)。智伯久攻不下,急于灭赵的智伯,发现晋阳城正处汾、晋二水间,且地势低下,遂筑堤决晋水围灌晋阳城,开创了中国历史上以洪水为武器攻打敌方的先例。这就是历史上有名的"智伯决水灌晋阳"。

绿树、亭台、泉水构成了一幅美丽的图画

智伯请韩康子和魏恒子一起察看水势，得意忘形地对韩、魏说："今天我才知道水能灭国，你们瞧，晋水能够淹晋阳，那么汾水就可以淹安邑，绛水也能淹平阳（二者为魏国、赵国的都城）。"韩、魏听后，不觉变了脸色，他们也怕自己的都城遭到水攻。当晚，智伯被韩、魏联军击败。智伯的部将智国、豫让赶来，救智伯乘小船向秦国逃去。赵襄子伏兵生擒智伯于龙山脚下，杀了智伯并将其满门抄斩。这是周定王十六年（公元453年）的事。后人跟上这条旧道，加以修浚，用为灌田的水渠，因此叫做智伯渠。

晋祠的亭与水构成了一幅和谐、优美的图画

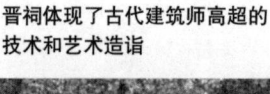

晋祠体现了古代建筑师高超的技术和艺术造诣

（九）会仙桥

会仙桥横跨在智伯渠上，是通往圣母殿的要道。原先这里有一座似山水画上的板桥，火焚后改建为石桥。会仙桥长约6米，宽约3米，中间高凸如弓形，东西各有石阶数级，南北临水制有石栏杆。

据说，此桥是明朝翰林院修撰（官名，第一名进士）罗洪先与仙女相会之处，因名会仙桥。相传，有一天，罗汉先来到这里，

晋祠一景

见桥那边有一手携竹篮的农妇，鬓发如云，清丽动人。罗洪先情不自禁地顺口成章："世间人说西施美，余视此妇胜西施！"哪知这位农妇听后很恼火，面对罗洪先反唇相讥，嘲讽他罢了官还敢调戏妇女，真乃胆大包天。一怒之下，她还把板桥烧了，不让罗洪先过桥。他这才恍然醒悟农妇乃非凡人。当他绕道来到悬瓮山脚下，看见山腰间有一妇女正在往上爬，衣着、形象，

晋祠山水

晋祠八角莲池景观

都像方才相遇的那位农妇，因而他自言自语地说："你若真是仙女，再让我看一眼。"说毕，山就移动了。据老年人讲，悬瓮山脚下这股大道并排走五辆大车，自山移后只能开行两辆。传说当时由于山向前移，人在变大，罗洪先看了一眼之后，那农妇立即匿迹消失。这火焚、山移，撩动了罗汉先的思绪，引起了他的感叹，因而悬笔题诗："悬瓮山中一脉清，龙蟠虎伏隐真明，水飘火劫山移步，五十年来帝母临。"这首火劫、山移步的诗，刻在一块光明如镜的石碑上。碑高1.46米，宽0.72米，诗末署"戊午秋月，罗洪先悬笔"。最后并刻有"宛城郜焕元摹勒上石"九个字。自此以后，罗洪先开始学佛学道。相传，

晋祠
088

晋祠会仙桥，据说是通往圣母殿的要道

晋祠神塑像

晚年的罗洪先对佛教、道教已有很庙的造诣。游人可在圣母殿右侧走廊内找到罗洪先这块恳笔题诗碑，字为草体，《晋祠志》称赞这首诗的字是："体势悠扬，宛如骤雨飘风，落花飞雪，锐不可当。"真是龙飞凤舞，堪称神品。游人至此，都会购买一幅诗迹拓片留作纪念。

（十）八角莲池

八角莲池位于唐叔虞祠前面，因是八角形，故称为八角莲池。莲池面积约半亩，周围设八角形砖栏。

莲花又称芙蓉，其藕既可食用，也可

晋祠山水

盛夏之际,晋祠八角莲池内莲花朵朵

药用;其花亭亭玉立,清香四溢,历来被文人墨客们喻作洁身自好的正人君子,因此自古人们就喜好莲花,莲池也就到处都有建造。

　　盛夏之际,八角莲池内朵朵莲花,笑靥迎人,莲叶茂密,与青萍相接遮盖池面,景致甚佳。真是清波翠汲,一片浓绿。每逢月夜,漫步于莲池边,但见倒映在池里的月亮好似白玉盘,又象瑶台明镜,与满天星斗溶成一片,相映成趣。凉风习习,微波轻皱,若细语人声,使人感到不知是自己置身天上,还是银河落入了人间。这就是晋祠内八景之一的"莲池映月"。

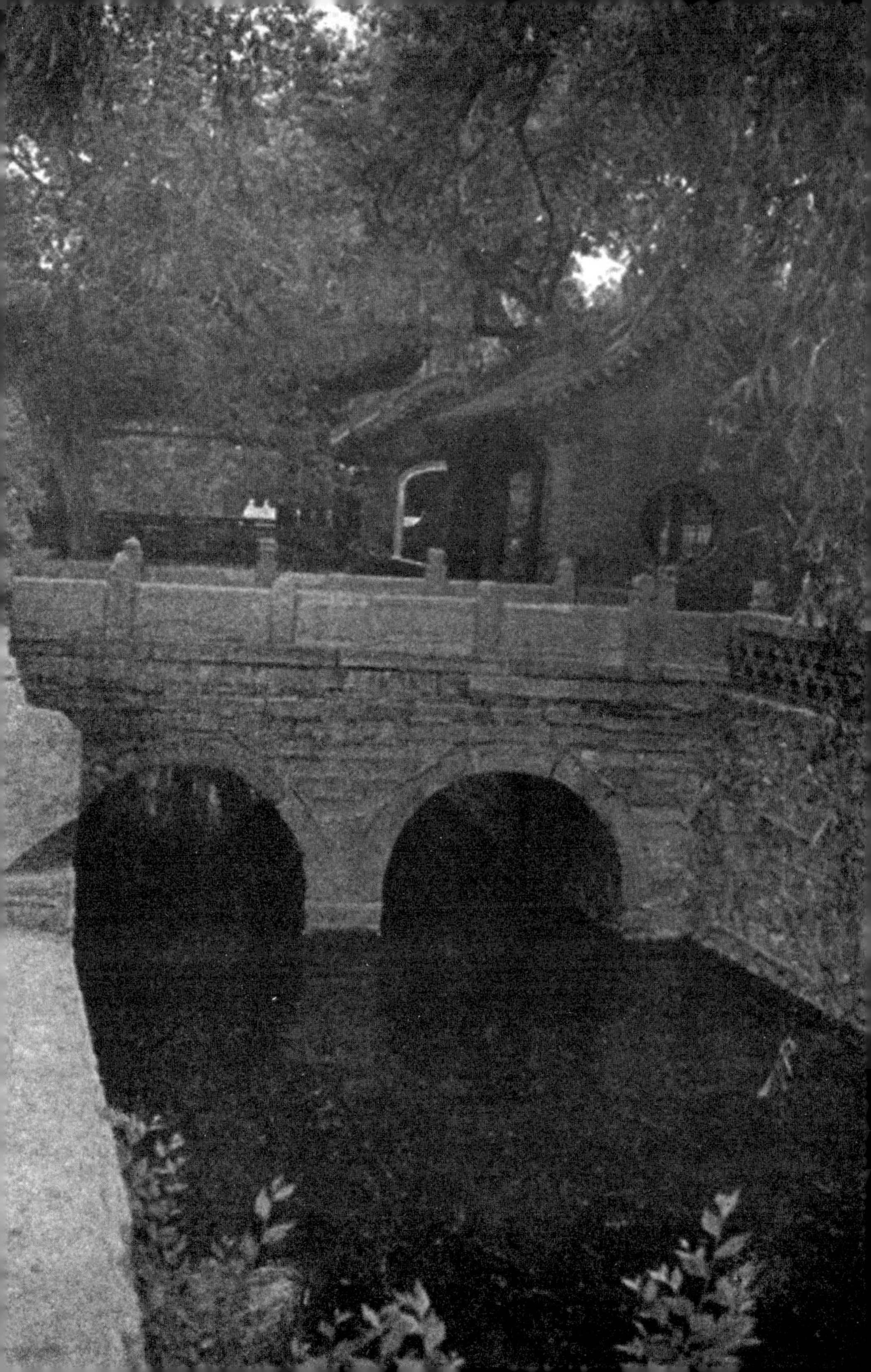

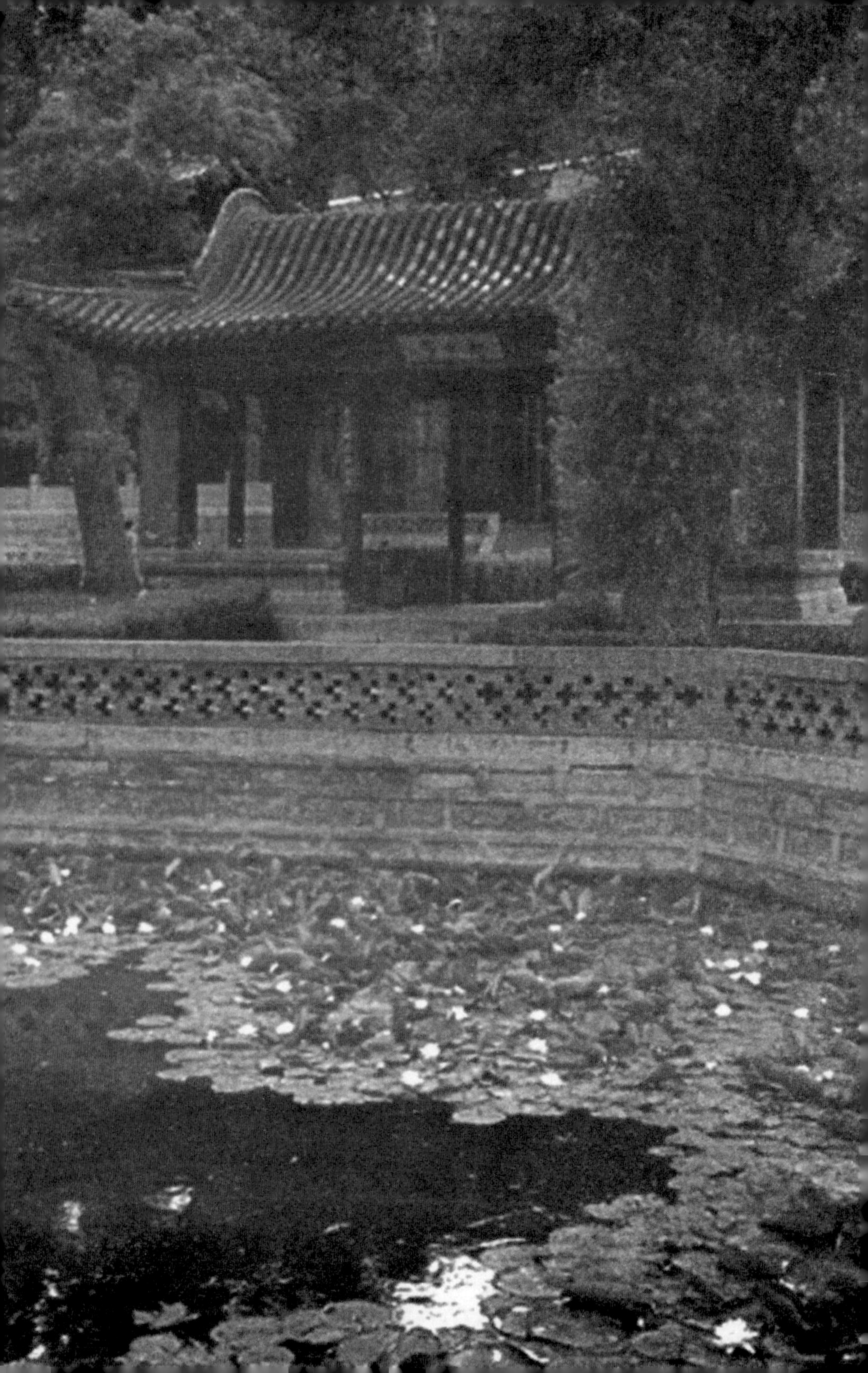

四 艺苑书画

晋祠会仙桥景观

晋祠的另一重要看点就是晋祠中所保有的历代书画，他们都代表了当时文学艺术发展的顶峰，是三晋文化的浓缩，也是我国文化宝库的一枝奇葩。

(一) 圣母殿彩塑

晋祠圣母殿内共有43尊大小彩塑，除有两尊小像系明代补塑外，其余均系宋代原作，塑造于北宋元祐二年，即公元1087年。这组宋代彩塑极为珍贵，在我国美术史上占有重要位置，同"难老泉""齐年古柏"共称为"晋祠三绝"。

圣母邑姜盘膝端坐神龛正中，头戴凤冠，身穿蟒袍，神情肃穆。她是周朝开国功臣姜子牙之女，周武王之妻，周成王和唐叔虞的母亲，这尊塑像充分显示出她贵为帝后的尊严和奢华。其余42尊塑像分站圣母殿四周，她们是从民间选进皇宫的宫娥。

圣母殿彩塑的尺寸同真人相仿，除圣母像外，其中女宦官5尊，着男服的女官4尊，侍女像33尊。仔细端详，我们会发现这些侍女们的服饰、发型以及手中所持器物各不相同。这些侍女有的奉梳妆洒扫，有的侍饮宴起居，有的献歌舞音乐，有的承文印翰墨，分工明确。她们眉目传情，欲语欲动，表现了把青春埋葬于深宫中的神态各异的宫女形象，突出刻画了人物内心深处的不同情感，

晋祠圣母殿圣母像

晋祠圣母殿形态各异的彩塑

具有深沉感人的魅力。彩塑艺术大师赋予了每一尊塑像以不同的形体动作、外貌特征、面部表情和内心世界，将其身世、年龄、气质、性格、职务、地位、秉性、阅历的差异表现得淋漓尽致，惟妙惟肖。

最引人注目的，是这位含羞苦笑、美目传情的舞女，握绢的双手似在竭力压抑内心的哀伤，但见她低眉俯首，整个身姿形成一条极美的曲线，由于不满摧残青春的宫廷生活，她强作欢笑的脸，分明含悲欲哭，令观者酸楚痛切而引发

晋祠彩塑侍女像

同情的共鸣。

　　这位侍女，好像是殿内侍女中年龄最小的一个，似乎刚进宫不久，睁着一双大眼睛左顾右盼，感到什么都新奇，全身心充满了娃娃气，一种天真无邪纯朴的美的韵律在她身上闪耀，窈窕的身材显得活泼可爱，造型十分完美。她手中拿着擦巾，显得很不善于工作，不知所措的样子，更引人疼爱。

　　这是一位饱经风霜，受尽宫廷生活磨难的老宫女。她目光漠然，嘴角微微下撇，双手小心翼翼地拿着器物，体态已经有些臃肿，在喧喧嚷嚷富丽堂皇的宫廷生活中，却沉浸在自己一生不幸遭遇的回顾中，已经流失的青春年华，与随之而至的衰老苦楚。深刻反映出宫女无可奈何，逆来顺受的心理状态。

圣母殿中的侍女像，身材修长，容貌端庄，形象生动，具有浓郁的生活

晋祠乐伎彩塑

晋祠彩塑神态庄严，雍容华贵

气息和人情味。这些终生为帝后服役，被关禁在深宫中的侍女形象，站在你的面前，各自倾诉自己的衷肠，正如唐代诗人白居易笔下的上阳白发宫人："玄宗未岁被选入，入时十六今六十，同时选择百余人，零落年深残此身。"站在这些侍女像面前，使人由衷地产生一种同情。

圣母殿彩塑，主题很特殊，既是纪念具体的人，而又将她当做神来祭祀，因之，客观上是人与神的合一。而在时间上，是纪念西周的一位皇妃，到一千多年之后由宋朝来塑造，因此所塑造的人物是以宋朝的宫廷生活和时尚为模本的，是宋朝宫廷生活的反映。

晋祠多姿的假山

这组宋代彩塑在塑造工艺和艺术风格上，既继承了传统，又有所创新，是北宋艺坛上出现的一个奇迹。这部创世杰作，不但在我国古代雕塑史上占有光辉一页，而且也深刻地冲击了宋以后造型艺术的发展。

（二）贞观宝翰亭与晋祠铭

贞观宝翰亭俗称"唐碑亭"，初建时只是一间面西的小亭子，清乾隆三十五年（1770）扩建为三间，改为面南。1984年再度修葺，拓宽加深，增建亭前月台，油漆彩绘一新。

贞观宝翰亭为单檐歇山顶，前檐高悬

清乾隆年间太原县令周宽题"贞观宝翰"横匾。亭内竖有两通石碑,左为唐朝李世民"御制御书"《晋祠之铭并序》碑,右为乾隆三十七年(1772)摹钩的复制碑。正面北墙嵌有唐太宗李世民石刻画像。东面墙上嵌有朱彝尊集杜甫诗而成大字楹联"文章千古事,社稷一戎衣"石刻。西面墙上嵌清康熙年间太原知府周令树撰《重建晋祠碑亭记》石刻。

《晋祠之铭并序》碑由碑额、碑身、碑座三部分组成。碑额左右各雕螭首一对,头下垂。碑身高195厘米,宽120厘米,厚27厘米。额书飞白体"贞观廿年正月廿六日"9字。碑阴列开国功臣长孙无忌、萧瑀、张亮、李道宗、杨师道、马周等人

建筑与自然完美结合的晋祠

晋祠三宝之一——鱼沼飞梁

衔名。

《晋祠之铭并序》碑身正文是李世民御笔行书，共1203字，是一篇结构严谨、层次分明、词藻华丽、政论与抒情相结合的绝妙佳文。原碑历时1358年，至今保存基本完好。

《晋祠之铭并序》的主题思想是通过宗周政治，总结唐叔虞建国的史迹，以

晋祠之铭并序碑

达到宣扬唐王朝文治武功和巩固政权的目的。其大体内容可分为四部分：

首先，提出"兴邦建国"必须亲信贵族，以作辅弼；"分圭锡社"也要给予采邑，来把握军政要点。"非亲无以隆基，非德无以启化"，认为不是亲属就不能巩固社稷，不施仁政就不能得到人民的拥护和爱

唐太宗书《晋祠之铭并序》（局部）

晋祠子乔祠景观

晋祠

晋祠古木参天，碧波荡漾

戴。周朝是中国历史上历时年代最久的王朝，历经37帝，统治了800多年。李世民认为，周朝实行的分封世袭禄位制是国家长盛不衰的根本保证，极力奉行。因此，《晋祠之铭并序》也就成了反映李世民政治思想的珍贵历史资料。

第二，李世民赞美了唐叔虞的功德"承文继武，经仁纬义"，称唐叔虞不愧为周室栋梁，晋国先祖。文中以"六合为家"的英雄气魄，运用"经仁纬义"的华丽文笔，对晋祠的山光水色给予"施惠、至仁、刚节、大量"的人格化的评价。

第三，揭发了隋炀帝的残暴统治，以至于神人共怒，四海腾波。他的父亲李渊

景色宜人的晋祠小西湖畔

顺天应民,得到拥护,从而统一了中国。

最后,李世民写下"虽膺箓受图,彰于天命;而克昌洪业,实赖神功",认为唐室政权固然是天命所归,人心所向,而兴旺发达确是神功。为此,他以"日月有穷,英声不匮。天地可极,神威靡坠"的夸张语气来报达唐叔虞的神恩。结尾并祝"万代千龄,芳猷永嗣",以此期望唐室天下千秋永固。

阅读这篇铭文之后,我们可以感觉到李世民不仅是我国历史上一个富有政治思想的文学家,而且也是一个才华横溢的书

晋祠齐唐留风坊一景

晋祠松水亭一景

法艺术家。

李世民一生酷爱王羲之的墨宝,尤其喜欢王羲之的《兰亭序》。

《晋祠之铭并序》碑开了我国行书上碑之先河,是仅次于《兰亭序》的行书杰作。碑文中的39个"之"字,书写风格毫不雷同。清人齐羽中评论说:"其书气象涵盖,骨格雄奇,盖俨然开创规模也。"其书结字用笔颇似怀仁集圣教序,笔势飞逸洒脱,加之刻工精细,锋颖尽现,保存了原书的神韵。李世民在世时,对此碑就十分珍爱,他曾将此碑拓片作为礼物赠送外国贵宾,其得意之情可想而知了。

清代文学家朱彝尊5次游晋祠,都对

晋祠奉圣寺景观

晋祠惟妙惟肖的人物彩塑

唐碑赞不绝口,流连忘返,并用杜甫诗句"文章千古事""社稷一戎衣"为唐碑亭作楹联,颂扬此碑,书于亭中。这副楹联高度概括了《晋祠之铭并序》碑的深刻含义,表达了作者对唐太宗文韬武略、贞观之治的仰慕之情,总结了历

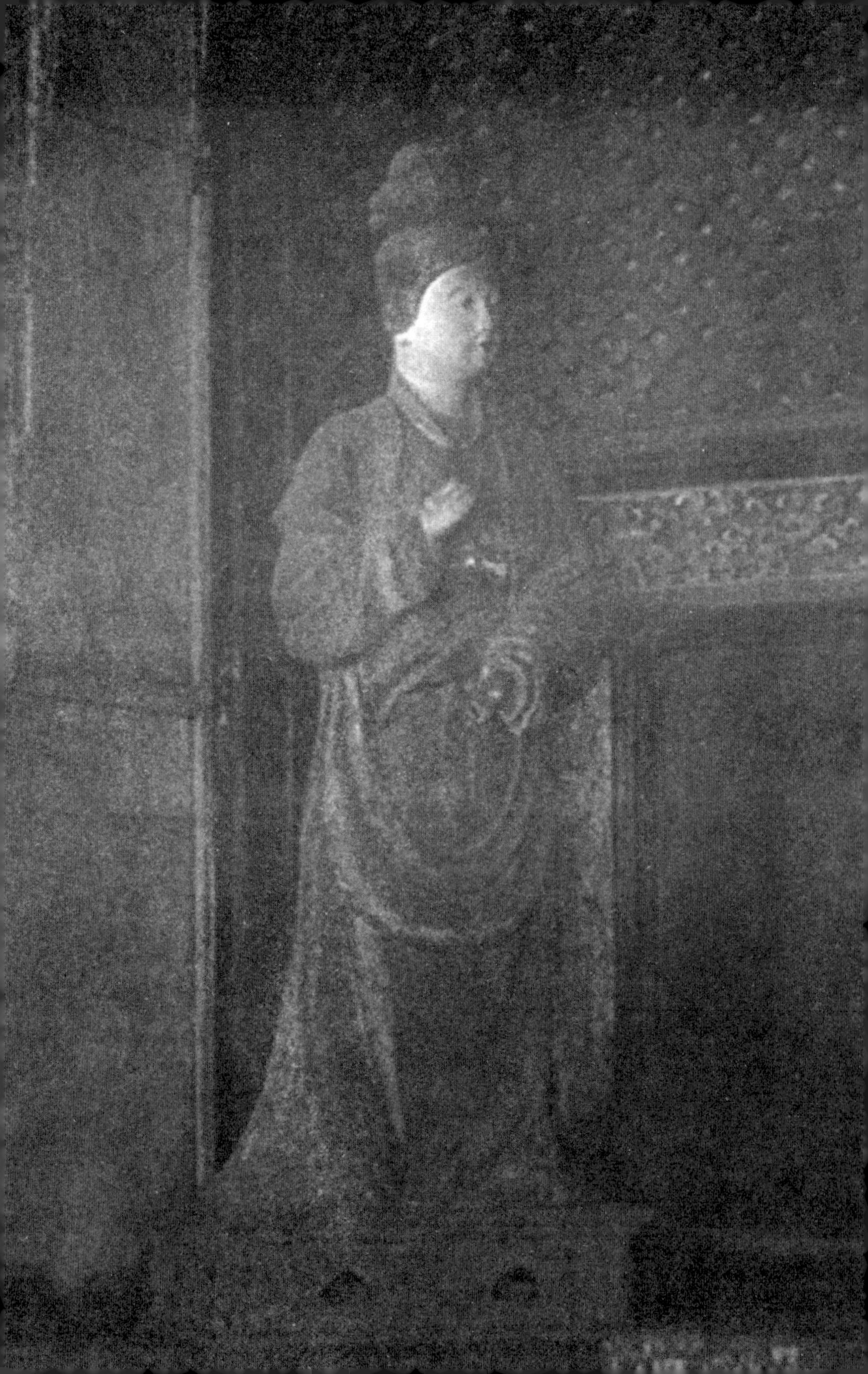

代统治者武力攻取天下，文教巩固政权的必然规律。

《晋祠之铭并序》碑是一通集史学、文学、政治、书法为一体的丰碑巨碣，是研究我国书法艺术的珍贵资料。该碑"目睹"了人世间的沧桑巨变，在这墨香书海的文物宝库中，必将以其巨大的历史价值，神奇的艺术魅力而流芳百世，永放光芒。

（三）傅山纪念馆

傅山纪念馆位于晋祠内胜瀛楼的西南侧，是坐南向北的一座清代建筑的四合院，其总占地面积553.5平方米，整个馆址东西宽20.7米，南北深27米，馆内为20世纪五六十年代的构形与装饰，内有南屋五楹，东西配房各三间，前开屏门，别成院落，东北隅辟小门，东出别构小院。馆内四周连通，布展灵活方便，为回廊式的展厅，雕刻精致，油饰彩绘，雅致怡人。纪念馆是永久性陈列展览与收藏傅山书画精品、文献资料及对外文化交流，举行各种活动的重要场所。

傅山纪念馆，原为同乐亭，创建于清乾隆二年（1737年）。清乾隆书法家杨二酉《同乐亭记》写道："里人岁时宴飨，

晋祠书画作品陈列

晋祠枝蔓横生的古树

来会于斯,无移樽择胜之劳,有少长成集之盛,故颜其亭曰同乐。"刘大鹏有联:"同声相应,同会相求、同人共乐千秋节;乐不可无、乐不可极、乐事还同万众心。"1964年,经太原市政府批准,在同乐亭原址上,向西扩建3米,其名由同乐亭改为"山西历代书画馆",此匾由郭沫若题写,后改为"傅山书画展览馆""傅山纪念馆"。

五 晋祠古木

古树似乎在向游人诉说晋祠悠久的历史

在很多风景名胜中多有很多奇树古木,他们像是在向游人诉说着此地的历史,给这些地方增添了不少灵气。晋祠也是如此,祠中有很多古木,如齐年古柏、隋槐唐槐、长龄柏等,增添了晋祠的诗情画意,同时,更使晋祠有了生命。

(一)齐年古柏

齐年柏,也叫卧龙柏、龙头柏,这是由于它形似卧龙,树身向南倾斜,与地面的角度成为45度,头枕撑天柏,形若游龙侧卧,人们才以卧龙之名称之。这株古柏,位于晋祠圣母殿右侧的苗裔堂前。这株古柏从周代至今,历经了三千年的风雨,虽然老态龙钟,但它体魄依然健壮,依然

古树给晋祠添加了不少灵气

挺立在晋祠圣母殿旁，依然苍劲挺拔，品位不凡，枝干舒张曲屈，树影扶苏，姿态优美，半躺半卧，悠然自得，不拘一格，甚是威风而且潇洒，成为中华古老文明的化身。这棵周柏与圣母殿宋代侍女像、难老泉并称为"晋祠三绝"。它虽饱经沧桑却四季苍翠，树高18米、主干直径1.8米，向南倾斜约45度，被另一株古柏所支撑，树叶披覆在圣母殿顶。

关于这株齐年古柏有一个美丽的传说，相传原本大殿两侧各有一株，同植于周代，原生长于悬瓮山南涧，圣母殿建成后，将这对连理柏移来分栽于两侧，右边的一株称为龙头柏，左边的称为凤尾柏，

晋祠古木

古树是晋祠悠久历史的见证

有比翼齐年之意,故称齐年古柏。可惜的是左边那株凤柏被迷信的乡民在道光初年砍伐,只剩右边这一株了。龙柏听说了悲痛不已,树身慢慢的往凤柏的方向倾斜,龙凤柏的孩子就从边龙柏倾斜的方向拔地而起,叫做"撑天柏",用它笔直、挺拔的身躯撑住龙柏即将倒下的巨大身躯。在龙柏的树身上长着很大一个象眼睛的痕迹,称做龙眼,传说每到下雨天龙眼里就会流出泪水。游人至此,总要用手触摸一下,为的是沾点灵气,希望自己能长命百岁。

就是这株古柏,引来了中国古代众多文人的赞誉和夸奖,历代讴歌者甚多。

中国宋代著名文学家欧阳修,曾以"地灵草木得余润,郁郁古柏含苍烟"来歌颂它。清代著名书法家、书画家、医学家傅山,曾以"晋源之柏第一章"的题词来讴歌它。

(二)长龄柏

晋祠内的周柏有两株,除上文所说的齐年古柏外,另一株就是长龄柏。

长龄柏位于东岳祠院中西南隅,高17米,树围5.15米,主干直径1.64米,覆盖面积达300平方米。长龄柏比齐年古柏略低一点,均有近3000年的树龄。长龄柏北侧一半已经干枯,南侧另一半仍是青枝绿叶。其树老干虬枝,磊砢多节,

晋祠千年古柏

晋祠古木

形如苍龙，因此游人每至此，多喜摄影留念。

（三）隋槐与唐槐

晋祠的古槐有三株最为著名。一株是东岳祠旁的汉槐，高约丈许，干粗两围，最为年长，可惜已经枯萎。另一株为关帝庙院内的隋槐，粗至6人合抱，老干新枝，盘根错节，浓荫四布，生机不衰。最后一株是水镜台前的唐槐，三兄弟中数它最年轻，但树高15米，树围近5.3米，主干直径1.8米，冠径约15米，树大根深，枝繁叶茂，英姿勃发。每当春夏之际，洁白的槐花如云霞般盛开枝头，散发出阵阵

古老的建筑在古树的掩映下若隐若现

晋祠一景

清香，微风吹来，树枝轻摇，槐花一瓣一瓣飘落在地，别有一番情趣。

（四）银杏树与王琼祠

银杏树，也名白果树，是树中珍品。树上所结白果，可以入药，也可食用，是餐饮宴席上的上品、补品，为人们所珍爱。

王琼祠前的银杏树，已有500多年的树龄，相传为明代太原人王琼做官时所植。当时的王琼，是取了"银杏树下可成材"的意思。

银杏树，居于王琼祠前，分为左右两株。左雄右雌，分立两旁，被人们称为"连理银杏"。右侧的雌树，树高17.94米，

晋祠古建筑

树围4.1米，主干直径1.3米，冠幅东西16.5米，南北17米。每到夏日，开花为绿色，结银杏于上。左侧一株，是雄树。树高22.8米，树围6.45米，主干直径2.1米，在4米高的主干上分出13个大枝，一锯掉4枝，还有9枝生长，冠幅东西24.5米，南北22.5米。这株雄树只开黄色的花，却不结果。